Vargas Vila, José María, 1860-1933
    Flor del fango: etopeya / José María Vargas Vila; ilustraciones Edgar
Rodríguez -Ródez. -- Bogotá Panamericana Editorial, 2004.

    292 p.: il; 21 cm.
    ISBN 958-30-1341-2

    1. Novela colombiana 2. Mujeres - Aspectos sociales - Novela I.
Rodríguez, Edgar (Ródez), il. II. Tít. III. Serie.
Co863.5 cd 19 ed.
AGC9760

        CEP-Banco de la República-Biblioteca Luis Ángel Arango

FLOR

DEL FANGO

José María Vargas Vila

Flor
del fango

Etopeya

PANAMERICANA
EDITORIAL

Editor
Panamericana Editorial Ltda.

Introducción general y prólogo
Betty Osorio Garcés

Ilustraciones interiores y de carátula
Edgar Rodríguez - Ródez

Diagramación electrónica
Francisco Chuchoque Rodríguez

Reprografía
Rodrigo A. Aragón Aguayo

Diseño de carátula
Diego Martínez Celis

Primera edición en Panamericana Editorial Ltda., febrero de 1998
Primera reimpresión, enero de 2004

© José María Vargas Vila. Derechos reservados Beatriz de la Vega
© Panamericana Editorial Ltda.
Calle 12 No. 34-20, Tels.: 3603077 - 2770100
Fax: (57 1) 2373805
Correo electrónico: panaedit@panamericanaeditorial.com
www.panamericanaeditorial.com
Bogotá, D. C., Colombia

ISBN: 958-30-1341-2

Impreso por Panamericana Formas e Impresos S. A.
Calle 65 No. 95-28, Tels.: 4302110 - 4300355, Fax: (57 1) 2763008
Quien sólo actúa como impresor.

Impreso en Colombia   Printed in Colombia

Prefacio

Fue en 1898;
hace veinte años;
en New York;
que este libro fue publicado;
por la primera vez;
tragedia ruda;
tragedia bárbara;
la vi vivir;
mis ojos de adolescente, conocieron bajo otros nombres,
los personajes de este libro;
*   y, la hosca, la torva aldea, con pretensiones de ciudad,*
que yo describo, los vio vivir;
*   y, las manos callosas de sus turbas fanáticas, ampara-*
ron el Crimen y lapidaron la Virtud, tal como yo lo descri-
bo en estas páginas;
*   su prole furibunda y retardataria, continúa en lapidar*
todo lo que no sea los Hombres-Ídolos, los Símbolos-Vivos,
de su bestialidad concupiscente, y de su Barbarie Indes-
tructible;
*   no me propongo hacer el proceso de la aldea hostil,*
cuyo nombre apenas si recuerdo;

---

1. Editorial Ramón Sopena, S. A., Barcelona. 1934.

1

sólo decir quise:
que este drama fue acaecido allí;
pero;
este libro no fue escrito allí;
fue una playa con sonoros hemistiquios de cristal, que cantaba el mar cercano, la que vio nacer esta novela;
cabalgaban las olas en torno, con rugientes crinejas de espumas;
teniendo por música, la muelle canción de las olas, este libro escribí;
y, a orillas de una mar septentrional, lo publiqué;
auras furentes;
bestias aullantes;
en salvaje sinfonía lo recibieron;
el libro fue lapidado, como la Virgen-Símbolo, que vive en él;
pero, nada pudo la plebe adusta de los críticos de entonces estipendiada contra este libro;
férvidas laudes;
himnos sonoros;
apasionados;
de esos que inspiraba el candor de los mármoles desnudos a las cantantes olas del Egeo,
vinieron en torno al libro;
y, lo arrullaron...
y, lo besaron;
y, lo cantaron...
y, al calor de esos himnos, el libro vivió;
el libro vive;
vida de gloria...

... ...
... ...

volviendo a mirar su Pasado ya remoto, siento que el aire rencoroso de la Selva, me da en el rostro;

y mis ojos se hacen tristes contemplando esos años ya lejanos, que radican en el fango de esa tierra primitiva;

tan absurdos, tan estériles, en su cándido heroísmo;

horizontes más menguados, no los vi;

asorda el aire la nube de los pájaros siniestros;

miasmas densos de páludes venenosas los anublan;

cual los gestos de un fantasma en la tiniebla, veo el esfuerzo de mis brazos en la Selva...

esfuerzo inútil...

por romperla, por rodarla;

por hacer que hasta sus sombras penetrara el palor de las estrellas;

yo, no amo esa época de puericia quijotesca de mi espíritu;

ni la vida que viví;

ni los combates que lidié;

ni los libros que escribí, durante ella;

y, entre los cuales esta novela está;

no fue ella la primera;

la precedía: «Aura o las Violetas», el Idilio Trágico, que millones de almas adolescentes han coronado con sus lágrimas;

aquélla y ésta, novelas de esos tiempos son;

no pertenecen a la serie de mis grandes novelas psicológicas, artísticas y, sociológicas, que con «Ibis» inicié en 1899, en Roma;

y, que vienen en una sucesión de veinte volúmenes, hasta: «Cachorro de León», que acabo de escribir y de entregar en este mismo mes de Junio y en este mismo año de 1918, a la Casa Editorial Sopena de Barcelona, en España, para la cual fue escrita;

pero, si a zaga de las otras novelas mías, va ésta, por el tiempo en que fue escrita y por los medios de novelización en ella empleados, no así por el calor de la pasión, y, la liberalidad de las ideas que la informan, que por ellos, bien puede incorporarse a todos los libros míos;

y los iguala;

una línea recta es mi Obra toda;

ése es mi Orgullo;

ni una vacilación, ni una desviación, ni un decaimiento hay en toda ella;

nada han podido los años de mi existencia, sobre la rectitud de mi Conciencia;

el mismo soplo de rebeldía que parece incendiar las páginas de los libros que escribí en mi juventud, pasa por los de mi edad madura, y sopla con igual intensidad, en los que escribo ahora, cuando empiezan a diseñarse ante mis ojos, las costas pálidas y hospitalarias, del ya no muy lejano país de la vejez;

es a ese soplo de conciencia inflexible, que se debe mi influencia indestructible en la literatura americana;

la puerilidad ingénita de mis críticos, no ha sabido discutir sino mi estilo, y ciertas formas vagas de mi literatura, sin poder entrar en el riñón de mi Obra, en la esencia de ella, en las Ideas, que es donde radica la fuerza demoledora y constructora de mis libros, aun de aquellos al parecer más alejados de todo estrépito de batalla;

de los cincuenta y tres volúmenes de obras mías, publicados hasta hoy, no hay uno solo que no sea un libro de combate: en la Literatura, en la Política, en la Historia y, en la Filosofía;

de ahí el sordo rencor que inspiran a los retardatarios del Pensamiento, a la recua de acerebrados que paciendo

en los prados de la Tradición no aciertan a concebir la
Vida, más allá de sus límites estrechos;

sus ojos torvos inclinados sobre la tierra, no aciertan
a alzarse de ella, y, no saben sino indignarse contra los
caballos desbocados de las cuadrigas del Sol, que violan
el Espacio en su carrera;

sus grupas serviles, sienten el azote del rayo, y, no
saben sino mugir contra él;

de las críticas hechas contra mis libros, podría hacerse
el doble de volúmenes de los que he escrito;

y, ése sería un admirable monumento para probar la
Inanidad de la Crítica, esa ciencia de cucurbitáceos, que
extiende sus bejucales rastreros, hacia los grandes monu-
mentos literarios, con la esperanza de hacerlos desapare-
cer bajo su ramaje;

es la única manera de ascender que hallan: trepar a la
celebridad adhiriéndose a los grandes libros que insultan;

nada pudo la turba parásita de entonces contra este
libro, como no pudo luego contra los otros; y, ha capitu-
lado al fin vencida por ellos;

cinco generaciones de hombres han pasado en América con mis libros en la mano;

de treinta años a esta parte, ninguna alma de rebelde
se ha formado en aquel Continente, que no haya sido for-
mada por mis libros;

a ese respecto mi influencia fue decisiva y exclusiva;

nadie la compartió conmigo;

yo, soy el primero en confesar que durante largo tiempo mi Política, hizo mucho mal a mi Literatura;

todos los odios que yo he despertado en la una, se han
vuelto furiosos y vengativos contra la otra;

hace ya años que la atmósfera se ha serenado un poco
en torno a mis libros, y los lineamientos de mi Obra Lite-

raria, aparecen más claros y más serenos sirviendo de orientación a un verdadero movimiento literario, especialmente en el campo de la novela;

ésta, que hoy publico en edición definitiva, pertenece a la época de mis más álgidos combates, y, ha tenido mucho que sufrir de ellos;

la psicología de mis novelas, ha sido muy discutida, pero no ha sido aún bien definida, y, no seré yo quien desflore ese asunto en el estrecho campo de este Prefacio;

ése, como todo litigio literario, pertenece a los hombres del porvenir;

de todas las obras mías publicadas hasta hoy, ese grupo de mis veintidós novelas, merecerá un estudio aparte de los historiógrafos de mi Obra;

ellos le darán su verdadera significación artística, marcando la influencia que ejercieron en el movimiento cultural de mi época;

yo, no me ocupo de eso;

mañana, cuando yo haya callado para siempre, otros hablarán por mí;

yo, no he de oírlos ya, ni para defenderme ni para agradecerlos;

y, la Vida seguirá su curso;

como estos libros;

hacia la Eternidad;

porque la Inmortalidad es eso:

un Nombre escrito sobre el lomo de una ola;

en el mar...

Vargas Vila

Mayo, 1918.

PRÓLOGO

DE LA EDICIÓN PUBLICADA EN NEW YORK EN 1898

ECTASIS
*Le Verbe porte en lui la force
de rompre tous les silences.*

PELADAN-ISTAR.

Libro de Amor, de Sufrimiento, de Verdad: Libro Humano;
el Amor que irradia en él, fue amor sentido;
el Dolor que palpita en sus páginas, dolor vivido fue;
ese Drama, fue una Vida.

———

Almas religiosas, sin confianza en vuestra fe: ¡no lo leáis!
almas cándidas, sin fe en vuestra virtud: ¡no lo leáis!
almas idólatras, celosas de la profanación de vuestros ídolos: ¡no lo leáis!
almas piadosas, almas débiles: ¡no lo leáis!
es alimento de almas fuertes;
hecho no fue para espíritus ignaros.

———

Almas que amáis la verdad: ¡leedlo!
almas que no tenéis horror al Sufrimiento: ¡leedlo!
almas sin ídolos: ¡leedlo!
¿que un viento de Impiedad sopla en él?: leedlo;
¿que un hálito abrasado de pasión, como viento del desierto, recorre sus páginas?: leedlo;
si vuestra Fe es fuerte, el libro es débil; si vuestra Fe es débil, el libro es fuerte: leedlo;
¿sois castos? este libro es casto; blanco como el Pritaneo de Sifno: ¡leedlo!

———

Y, vosotros, ¡oh, Levitas! ¡oh, Fariseos!, ¡oh, Escribas!: ¡leedlo!
tened un momento de valor: leedlo;
de la arcilla de vuestros dioses, del fango de vuestros vicios, podréis recoger algo: leedlo.

———

La Verdad es amarga como el áloe, y es salvadora;
la Verdad se debe al Amor;
este libro es Verdad, se debe al Pueblo;
¡oh, Pueblo!: ¡leedlo!
libro acusador, libro sincero;
libro de Justicia, es libro bueno; libro de Verdad, es libro santo;
y, éste es libro de Justicia y de Verdad.

———

No se encierra un pueblo en el Toro de Phalaris sin que sus gemidos conmuevan al mundo;

los pueblos sufren, no mueren;

se alzan de súbito, como la sombra de Samuel, al conjuro de la Pitonisa de Endor, y muestran sus carnes laceradas, sus llagas purulentas; es la delación de sus úlceras;

de su seno incendiado en el martirio, brotan chispas crepitantes, rumorosas, como las abejas ignescentes de las entrañas ardidas de Aristeo; son la delación de sus tormentos;

en el paroxismo de su dolor suelen dar el grito formidable; la cólera les vuelve la voz, como el espanto desató la lengua al hijo de Crésus, y hacen entonces la lúgubre delación de sus martirios;

y, esos gritos: *Estrofa, Cántico* o *Libro*, son sagrados;

iniquidad vencedora engendra Justicia;

justicia es este Libro.

... ...

¡Los grandes días llegan!

como en el oráculo de Amphilite: *La red está tendida, el anzuelo está echado: al claro de la luna los tritones vendrán en multitud.*

Los corceles de la guerra, devorarán otra vez las serpientes salidas de las ruinas, y el oráculo de Telmese será cumplido.

_____

Los días grandiosos llegan;

el himno de victoria, vibra en los aires;

se iluminan allá lejos las brumosas lontananzas;

y, el triunfo avanza en su cuádriga de fuego;

todo en la tierra y en las almas, anuncia el nuevo día;

el *Monstruo* será vencido.

9

Pitón siente ya el dardo que silba y eriza sus escamas en agonía de muerte;

ayudemos al vencimiento de la Bestia;

hagamos luz en su antro pavoroso; ¡denunciémosla!

la marea de la cólera popular, subirá ahogándola todo; marquémosle rumbo a esa marea;

al retirarse no dejará nada en pie: la desolación llenará el Estuario;

la ruina, marca el paso de las muchedumbres y de las olas;

la ribazón de las grandes venganzas es fecunda, como las olas turbulentas del Nilo; marquemos rumbo a las olas vengadoras;

el carro de Jaggrenat pasa abrumador y sangriento, triturando almas cándidas...

y, el ídolo vacila;

ayudemos a volcar el carro maldecido, y el ídolo deforme;

el buey Apis muge; Cambyse llega;

mostremos al conquistador, el camino del Templo;

la Justicia de los pueblos es absoluta; y, lo absoluto es inexorable;

indiquemos la dirección que debe seguir su rayo destructor.

——

Verbo acariciador de poderosos y de mitos: ¡verbo maldito!

verbo adulador de multitudes o de dioses: ¡verbo maldito!

verbo de diversión y de juglares: ¡verbo maldito!

verbo encubridor de errores y de crímenes: ¡verbo maldito!

verbo lacayo; verbo de rodillas: ¡verbo vil!
verbo indignado: ¡verbo grande!
verbo denunciador del crimen: ¡verbo santo!
verbo delator: ¡bendito seas!
verbo de la Venganza, de la Justicia, del Honor: ¡Salve, Verbo!

... ...
... ...

Libros acusadores son libros salvadores;
ellos, como las aves del Poseidón, denuncian al pueblo congregado en el Acrocorintho, el crimen cometido en el silencio;
su grito y su vuelo denuncian el delito, y marcan a la Justicia el delincuente;
son los delatores divinos;
su grito viene de lo alto;
son las golondrinas de Bessus;
son las grullas de Ibycus.
Corvi delictum produnt;
son los cuervos que denuncia el crimen;
¡paso a los pájaros sagrados!

VARGAS VILA

11

EUGENESIA

Concorso del sangue.

Su abuelo: un soldado obscuro muerto en el campo de batalla: Insurrecto consciente;

su padre: un obrero desterrado a Chagres por la victoria implacable en 1855 y muerto allí: Insurrecto nato;

su madre: una sirvienta: Pasividad atávica;

su antecesor: la multitud. SERVUM PECUM;

su raza: blanca; mezcla de indio indómito y de galeote español aventurero;

tal era el CONCURSO DE LA SANGRE, en la heroína de este libro;

del montón anónimo; plebe pura;

hija del Pueblo: FLOR DEL FANGO.

PRIMERA PARTE

Sobre la llanura inmensa empezaba la noche a extender el ala misteriosa;

la tarde expiraba en una pompa feérica;

el sol se sepultaba en una como apoteosis de colores, en una fulguración de llamas: se dirían los funerales de un tráseo;

al resplandor del ocaso, pira gigantesca alzada allí para el holocausto del Rey-Astro, respondían las palideces del Oriente, huérfano de su lumbre generosa, del esplendor de su púrpura flameante;

la tarde se extinguía en la inefable dulzura del crepúsculo, donde aún temblaban las palpitaciones postreras de la luz;

sobre los altos cerros del levante, las capillas rústicas y blancas, semejaban palomas detenidas por las primeras sombras de la noche;

la ciudad, allá lejos, como una inmensa mancha negra, perdida en la bruma del crepúsculo, se hundía en extraña penumbra, de la cual se destacaban, perfilándose en el horizonte, siluetas de campanarios, columnas capitolinas, frontones de edificios: todo indeciso y flotante, como emergiendo de un sueño; de la niebla de un lago aéreo y vaporoso, con un extraño fondo de miraje;

15

las innúmeras campanas de los templos, tocaban el *Angelus;* su místico clamor se perdía en el espacio en una tristeza infinita; voz en la soledad, *vox clamantis in deserto,* voz de madre desolada, llamando a los santuarios vacíos, a los hijos dispersados por el huracán de la impiedad, las almas fugitivas; los espíritus rebeldes; tanto corazón sordo ya para el grito de la Fe...

la vibración sonora moría en la calma infinita de la tarde;

sobre el cielo pálido, de una palidez de nácar, teñido a veces por pinceladas de un color violáceo, aparecían una a una las estrellas, mariposas brillantes de la noche, gigantescos coleópteros del cielo, en torno de la luna melancólica, triste como la lámpara sagrada en la cúpula inmensa del Santuario;

y, en esa decoración como de ensueño, a través del paisaje vesperal, se extendía algo como el aliento enervador de una caricia misteriosa;

a aquella fiesta de los colores arriba, hacía eco la fiesta de los gorjeos abajo; a la gama cromática en los cielos, la gama diatónica en la tierra: la escala de Jacob en el espacio;

en los sauces, entre las eras, bajo el ramaje, un mundo alado alzaba sus cantares; y, todo era colores y armonías en esos funerales de la luz;

en medio de la pompa melancólica, de esa tarde otoñal en la llanura, un coche que venía de Bogotá descendía por el ancho camino de Occidente;

había dejado atrás, a *Puente Aranda,* las *Alcantarillas,* donde las garzas meditativas, en actitud hierática, como de Ibis de Libia, los pájaros sagrados del Nilo, veían asombradas la llegada de la noche, mientras los ánades, hundiendo su eucarístico plumón en linfa azul, guardaban en sus pupilas místicas, todo el fulgor postrero de la tarde;

de vez en cuando asomaba por las ventanillas del coche, tras una mano enguantada, el rostro encantador de una joven, casi una niña; rostro de belleza extraña, como de antiguo camafeo pompeyano, en cuyos ojos azules, de un azul cambiante de turquesa pálida, tornándose cuasi en el verde acuático de una alga, se pintaban la más viva admiración, la más infantil curiosidad;

sobre el tinte írido de su rostro, que tenía la tersura inmaculada de un lis, el ligero carmín de la emoción extendía su tinte purpurino; y, con la barba apoyada en la mano, dejaba errar su mirada sorprendida sobre aquel horizonte, que tenía el esplendor de una acuarela;

la languidez suprema de la tarde, la calma soñadora del paisaje, se reflejaban en sus pupilas azules;

era Luisa García, institutriz, recientemente graduada en la Escuela Normal de Bogotá;

hacía, por decirlo así, su viaje de nupcias con el Destino; iba hacia lo desconocido, al combate rudo de la vida;

como esos jóvenes reclutas que, húmedos los labios por el último beso de la madre, van a tierras lejanas, a batallas sangrientas, a muertes ignoradas, así, esta niña desamparada y sola, entraba en el mar tempestuoso del mundo, lleno de sirtes traidoras, de abismos ignorados, de tempestades dormidas tras la falsa serenidad del horizonte;

diez y siete años; joven, bella... toda una primavera de promesas;

al día siguiente de su grado, ensordecida aún por los aplausos que su talento arrancó a un público delirante de admiración, el Director de Instrucción Pública, vino a manifestarle que una familia muy notable, de vieja cepa aristocrática, había solicitado del Gobierno, la nueva Institutriz, para encargarla de la educación de dos niñas en una hacienda cercana.

Luisa, que había temblado a la idea de verse casi sola en un pueblo extraño, teniendo que lidiar con autoridades incultas, y padres de familia díscolos, aceptó gustosa el ofrecimiento; y, el día aquel en que la hallamos, se había despedido de su madre, y emprendido ese viaje lleno para ella de emociones y esperanzas;

por primera vez salía de Bogotá, y la belleza del campo, la limpidez del horizonte, la novedad del paisaje, la encantaban;

hasta entonces había vivido en su ciudad nativa, en donde, como una flor de invernadero, languidecía su belleza espléndida, en la estrecha vivienda de su madre, o en los fríos claustros de la Escuela; y al sentir sobre su frente el ósculo primero de los campos, la alegría de vivir, el deleite de la vista y uno como voluptuoso estupor la poseyeron;

feliz, sonreída, vivificada al beso salvador de la naturaleza, había hecho sin fatiga el largo trayecto de aquel día, hasta que con la última luz de la tarde, el coche dobló por un estrecho camino, cerrado a un lado y otro por uno como muro de verdura, formado por enredaderas olorosas y un inmenso ramaje florecido...

al frente, un ancho portal de piedra, ostentaba encima este letrero: *La Esperanza.*

Luisa había llegado a su destino.

*
* *

La vieja casa solariega alzábase ante ella, con su mole blanca, sus anchos corredores, su aspecto conventual;

se le esperaba, sin duda, porque la familia estaba en el corredor;

al poner pie en tierra, su alta y elegante silueta, proyectada por los rayos del crepúsculo, se destacó majestuosa y como engrandecida, a los ojos de los que la aguardaban;

nada más bello que aquella joven;

su belleza era heroica y sensual; tenía de la Minerva Políade, y de la Venus Victrix; belleza cuasi andrógina, que recordaba los jóvenes de Luini, en el gran fresco de Brera, y la hermosura efébica de aquel San Juan admirable, de rostro oval y cuello de virgen, que duerme sobre el hombro del Maestro, en *La Cena* de Lugano;

la cabeza maravillosa, coronada por una selva de cabellos negros, con reflejos azulosos, como de agua estancada y profunda;

la frente más bien angosta que ancha: frente querida al arte helénico;

los ojos grandes, azules y profundos; extraños ojos como incrustados de pedrerías, y llenos de fulguraciones y misterio;

la mirada dominadora y triste, con algo de encantador y despótico, llena como de sortilegios de mágica, y de ineluctables sugestiones;

19

largas pestañas velaban el raro fulgor de aquellos ojos, como tupidos helechos bordan un lago africano lleno de sombra y de quietud;

un ardor excesivo, una rara intensidad de vida intelectual, brillaban sobre su rostro de contornos suaves y facciones fuertemente acentuadas;

sobre su frente, sobre sus mejillas, sobre su cuello, y el nacimiento descubierto de su seno, se extendían tonos ambarinos y luminosos, que hacían pensar en el esplendor de su carne seductriz, en ocultas y amadas realizaciones voluptuosas;

las curvas de su seno y sus caderas, eran modelos de belleza plástica, fragmentos de sensualidad triunfante;

toda ella semejaba aquella egregia figura patricia, deslumbrante de belleza, en la cual el Correggio quiso representar a Venecia, en el *plafond* del anti-colegio, rodeada de sus diosas de cuerpos ondulantes, bañados en ondas luminosas;

todo en ella recordaba la belleza antigua, y hacía soñar con el regreso del Mito;

un sirviente vino a tomar su equipaje;

el dueño de la casa, ceremonioso y amable, bajó a recibirla al pie del coche, y le ofreció la mano para subir la escalera;

a la vista de aquel hombre, un recuerdo confuso brotó en la mente de Luisa; ella lo había visto antes; ¿en dónde? no distinguía bien en la brumosa conmemoración de sus recuerdos.

Don Juan Crisóstomo de la Hoz, que tal era el nombre del anciano dueño de la casa, presentó a Luisa a su familia.

–Mi esposa –dijo, y le señaló una señora que, dejando la ancha butaca que ocupaba, se había puesto de pie.

–La señorita Luisa García, institutora.

Luisa se inclinó ceremoniosamente, y, tendiendo su mano a la señora, murmuró un cumplido.

–Ahora –dijo don Crisóstomo, mostrando dos niñas de catorce a quince años, que cerca de su esposa estaban–: ahí tiene usted sus discípulas: Sofía mi hija, y Matilde mi sobrina.

Luisa, les estrechó la mano con cariño y añadió:

–Espero que seremos muy buenas amigas.

–¿Dónde está Arturo? –dijo don Crisóstomo.

–Aquí, papá –respondió una fresca voz de adolescente; y apareció un joven, que hasta entonces se había ocultado tras la redonda figura de su padre.

–Mi hijo Arturo;

el joven hizo un saludo tímido, y enrojeció hasta la nuca.

–Sigamos a la sala, mientras arreglan su equipaje en su habitación –dijo la señora–; usted deseará descansar;

una vez en la sala, Luisa pudo observar bien el grupo que la rodeaba;

pequeño, rechoncho, rojo, pletórico de sangre;

verdes, lividinosas las pupilas a flor de cara;

como en el limo obscuro de un pantano, se veían todas las liviandades, en el sucio verdor de aquellos ojos;

rojo el cabello, rojo por el tinte, como si tuviese miedo a la majestad de las canas, aquella frente de Sátiro, hecha para el follaje de los pámpanos;

grueso el labio inferior, grueso y sensual, de una sensualidad desesperante; labios de esos que, según Sócrates, hacen más voluptuoso el beso;

rasado el bigote; rojas las patillas;

corto el cuello; inmenso el vientre;

un verdadero aspecto de Sileno;

con gafas de oro; pulcro en el vestir; lento en el andar; pomposo y dogmático en la dicción; ceremonioso y grave en las maneras, tal era el señor don Juan Crisóstomo de la Hoz;

en lo moral, podría decirse que tenía el alma en el rostro;

lascivo, taimado, disoluto;

hombre inteligente, audaz, flexible como una liana trepadora, había ascendido a manera de atrevida yedra por el muro agrietado de aquella sociedad conservadora, y apoderado de la cima, la tenía toda prisionera en su ramaje;

había estudiado el medio social en que vivía, y se había adaptado a él para dominarlo;

fingió la fe de un cartujo, el entusiasmo de un cruzado, la pureza de un asceta; hizo de la hipocresía su escudo, de la religión su corcel de guerra, y con ellos libró sus grandes batallas en la Banca y el Comercio;

sectario tumultuoso, demagogo clerical, fue jefe y centro de esa falange sombría y agitadora, que, en nombre de la Religión, ha hecho contra el progreso el juramento de Aníbal;

así llegó a la cima; su palabra fue un oráculo; su virtud fue un dogma; la Iglesia fue su mina; la filantropía, el más productivo de sus negocios;

miembro de todas las cofradías, presidente de asociaciones piadosas, tesorero de sociedades de caridad, banquero de la curia, católico exaltado, combatiente rudo, intrigante tenaz, no hubo en Bogotá virtud más insospechable que la suya, ni reputación más limpia, la tuvo nunca cerdo enriquecido en más dorado círculo de cándidos idiotas.

Doña Mercedes Sánchez de Pescador y Robledo, como ella hacía poner en sus tarjetas, con énfasis portugués, era una mujer ya rayana en los cincuenta años, pequeña de cuerpo, escasa de carnes, y pobre de sangre, según se veía en la color pálida y biliosa de su rostro, que sólo coloreaban algunas pecas;

sus ojos pardos y pequeños, se movían con inmensa inquietud bajo su frente huesosa, que coronaban cabellos de un rojo subido, que hacía contraste con el rojo pálido de sus canas teñidas;

su voz silbaba al través de sus dientes postizos, y sólo la hacían agradable la marcada distinción de sus maneras cortesanas, y su conversación amena, aunque muy pedantesca;

orgullosa, dominante, necia; blasonando de nobleza; llena de preocupaciones, tenía la insolencia del dinero, tras del cual se parapetaba, como tras de un escudo, su inmensa necedad;

hija única de un honrado comerciante, que principió por vender alpargatas, manta y cera negra, en la Plaza del Mercado, y había logrado ser miembro del alto comercio y la alta sociedad; dotada por la naturaleza de mal genio; sin madre, pues la perdió siendo, muy niña;

desprovista de los dones de la hermosura, había llegado a los treinta años, soltera, y al doblar este cabo de las tormentas, su naturaleza voluptuosa, atacada de constantes crisis nerviosas, revistió entonces la más repugnante de las formas del histerismo: *el histerismo religioso*, y se había hecho beata;

de iglesia en iglesia, de convento en convento, paseando su solterismo y su aburrimiento, había sentido al fin algún consuelo, con los sermones de un elocuente y bello predicador dominico, y había hecho de la iglesia de Santo Domingo, el *rendez-vous* de su piedad;

de súbito corrió en la sociedad, sorprendiéndola inmensamente, la noticia de que Mercedes Sánchez, se casaba con un joven dependiente del almacén de su padre, muy formal e inteligente para el negocio, aunque de humilde posición;

mas lo que hizo subir de punto la extrañeza y la crítica, fue la rapidez con que se celebró el matrimonio, y el inmediato viaje a Europa que emprendieron los recién casados, para lo cual se alegaba la mala salud de Mercedes, y del cual volvieron a los dos años, con motivo de la muerte del padre, trayendo dos hermosos retoños; la rápida fecundidad, alarmó a sus relaciones;

desde entonces, ocupó don Crisóstomo de la Hoz el lugar de su difunto suegro, pues habiendo muerto ausente el único hermano de su señora, que lo instituyó legatario universal y tutor de su hija única, fue jefe y dueño de todo;

su esposa, que había querido dominarlo al principio, había encontrado resistencia tenaz en el carácter violento y sin educación de él; y esto, unido a causas ocultas, y a que la fidelidad no era la virtud distintiva del marido, arrojó algunas nubes sobre el cielo de ese matrimonio; sin embargo, fieles al medio social en que vivían, ocultaron sus pesares, y pasaban a los ojos de todos por un matrimonio modelo.

Don Crisóstomo, se hizo pronto el *padre de los huérfanos*, como lo llamaban sus apologistas; y la fama de su caridad llenó los ámbitos de la vieja ciudad de los virreyes;

hacía algún tiempo que sus negocios no iban bien, y bajo pretexto de salud, se había retirado la familia al campo, cuando la hallamos sujeta a la observación de Luisa.

Sofía era una niña delgada y esbelta, melancólicamente tímida; blanca, de una blancura láctea, que hacía pensar en aquellas novicias de tiempos medioevales, cuya belleza claustral tenía la poesía de un ensueño místico;

sus cabellos lacios y rubios, de un rubio de espigas ya marchitas;

sus ojos negros y grandes, en una pertinaz actitud de ensueño;

ojos extáticos de los mártires del amor y de la fe;

semejaba la casta imagen de un icono votivo; uno de esos ángeles de misal que, plegadas las alas de oro, juntas las manos en actitud beatífica, miran la hostia nívea, emerger del áureo cáliz en un campo pálido de azur...

Matilde era el reverso, su belleza tenía la exuberancia de la rosa de los trópicos;

pequeña, robusta; la color ligeramente morena; rosadas las mejillas, como una clavellina del valle; rojos y pronunciados los labios, corta y ligeramente alzada la nariz; negros, inmensamente negros sus ojos, como el bosque de cabellos ensortijados y profusos que circundaban su frente, y cubrían sueltos, más de la mitad de su cuerpo;

imperativa, apasionada, voluptuosa, era con relación a su prima la naturaleza más distinta;

la una era el sueño de amor, y la otra el sueño del placer;

moreno, más obscuro que los otros de su raza; castaño el cabello ondulado, que le caía en profusión sobre la frente angosta; grises sus ojos, de un color gris claro, de pizarra pálido, como de rubí de Sudermania, cruzados por líneas negras que les prestaban un fulgor extraño;

negras y pobladas las cejas; negras las pestañas; recta la nariz, sensual el labio, desdeñosa la sonrisa, blancos los dientes; se hubiera dicho un Byron niño;

era una reproducción de aquellas cabezas que pintores del mediodía, dejaron en el *Museo degli Studii*, o en la *Galleria degli Uffizi,* y cuyo tipo se ve vagar en la escalinata de la *Piazza di Espagna,* en Roma, o en los malecones de *Chiaia,* o de *Santa Lucía* en las tardes apacibles, bajo el sol ardoroso de *Baia;*

tal era Arturo; demasiado alto para su edad, delgado y nervioso, brillaban en sus ojos pasiones sensuales aun dormidas, y el fulgor extraño de una alma, tempranamente atormentada por los sueños tempestuosos del amor; se sentía como temor de despertar, aquella naturaleza virgen: *Cave leonem;*

mientras Luisa hacía sus observaciones, la conversación había versado sobre su viaje, y las emociones que el campo había despertado en ella.

–Y, ¿usted no había salido nunca de Bogotá? –dijo doña Mercedes.

–No, señora.

–¿Cómo podían ustedes pasarse los diciembres sin salir a Ubaque, a Choachí, o Villeta? a mí me habría sido imposible.

–Mi madre no podía salir; y, además, somos solas.

–Y, ¿su papá de usted no existe?

–No, señora.

–¿Hace mucho que murió?

–Yo no alcancé a conocerlo; murió cuando la guerra de Melo.

–¿Peleando en Bogotá?

–No señora; desterrado en Chagres.

–¡Ah! ¿era artesano?

–Sí, señora, carpintero;

la joven sufría visiblemente con el interrogatorio.

–¿Y su mamá de usted enseña también? –continuó implacable doña Mercedes.

–No, señora, ella trabaja.

–¿Borda o cose?

–No, señora, plancha –contestó Luisa como dominando la tortura moral, y levantando sus ojos puros y serenos sobre su interlocutora.

–¡Planchadora! –murmuró inconscientemente doña Mercedes, con insultante desprecio.

–Es hija de una planchadora –dijo Matilde por lo bajo a Sofía, la que inclinó su rubia cabeza, fingiendo jugar con la blonda de su pañolón negro, sin responder nada.

Don Crisóstomo, comprendiendo que la joven sufría, se apresuró a decir:

–La señorita deseará arreglarse para ir a la mesa; Sofía, señálale su cuarto.

Luisa se retiró con un ceremonioso saludo que sorprendió a la señora, la cual no se explicaba cómo la hija de un carpintero y de una planchadora, podía tener tan elegante presencia, y tan distinguidos modales; don Crisóstomo y doña Mercedes se retiraron también; Arturo permaneció quieto, absorto, silencioso, contemplando el sofá donde la joven había estado, como se sigue en medio de las sombras el resplandor de un astro que se eclipsa.

Matilde se acercó a él, y le dijo:

–¿Qué te parece? es la hija de una planchadora; es una cualquiera; yo no la voy a obedecer.

Arturo, sin volver en sí, respondió maquinalmente:

–¡Oh! ¡es muy bella!...

*
* *

La comida fue ceremoniosa y triste;

había esa frialdad estorbosa que reina entre gentes que por primera vez se ven, y que se sienten miradas y observadas entre sí;

de regreso al salón, Luisa quiso conocer el estado de adelanto de sus discípulas en la música, y las invitó a que tocaran.

–Saben muy poco –dijo doña Mercedes–; Sofía es la única que estudia: toca algo para que te oiga la señorita;

la joven se puso al piano, y ejecutó con infinita ternura un valse melancólico y sencillo, al cual comunicaba un sentimiento extraño, su alma soñadora.

Matilde intentó luego ejecutar algo, pero interrumpiéndose a cada paso, terminó por ponerse de pie, diciendo que se le había olvidado.

–Ahora, señorita –dijo don Crisóstomo–, ¿no se dignaría usted tocar algo?

–Con mucho gusto.

–Algo clásico –añadió doña Mercedes.

–No toco de memoria nada clásico.

–Ahí hay libros de música;

y, don Crisóstomo abrió uno ante la joven.

Luisa lo hojeó, y hallando una sonata de Beethoven, ligera, alada, como todas las creaciones del cisne de Bonn, la interpretó con maestría inimitable, con una pureza de ejecución cuasi de artista.

–Ya que toca tan bien, cántenos algo: Crisóstomo me ha dicho que usted canta.

–No me sé acompañar en el piano.

–Arturo puede acompañarla; él, tocaba mucho antes de entrar al colegio.

–Quién sabe si me acordaré, mamá; lo he olvidado casi todo –replicó Arturo.

–¿Toca usted? –exclamó Luisa, fijando en él, sus grandes y sorprendidos ojos;

aquél se estremeció como si hubiese sentido en la cabeza una pila voltaica.

–Tocaba antes, señorita, y por oírla cantar a usted ensayaré acompañarla.

–¿Qué va usted a cantar?

Luisa hojeaba el libreto de Lucía.

–Esto –dijo, mostrándole el aria del *Delirio*.

–Yo no la he oído cantar nunca.

–Ensayaremos.

Luisa abrió el libro, y se inclinó sobre el piano, tanto que su aliento caía sobre el joven y acariciaba sus mejillas;

a la vista de aquel brazo que parecía de alabastro tenue, coloreado por el sol, de piel suave con venas azulosas y un vello negro, que le daba un encanto felino, un fulgor de terciopelo; sintiendo cerca aquel aliento embalsamado, las palpitaciones de aquel seno en donde, como palomas salvajes bajo una red, los dos pechos duros y erectos, se agitaban en una prisión de encajes; aspirando aquel olor enervante de esencias y de hembra, el joven sintió impresiones desconocidas, una ola vibradora de emociones extrañas, algo como el despertar de la naturaleza, el lejano y ardiente rumor de la vida, el rápido circular de la savia engendradora del Amor;

en tanto Luisa, como un pichón de mirla en el jaral, gorjeaba a media voz la partitura inmortal de Donizetti;

31

bien pronto, su voz clara, sonora, de soprano, rica de mágicas cadencias, de extrañas vibraciones, llenó el espacio...

la locura inmortal vibró en sus labios, el gemido de pena fue un arrullo;

aquellos acentos perlados, cristalinos, poblaron las soledades cercanas, y atravesaban como una onda de armonía el campo dormido en la calma religiosa del silencio;

y, vibraba en ignotas melodías, bajo ese cielo estrellado, el poema cantante de sus sueños;

calló después.

Arturo, con los ojos húmedos, flameantes, la contemplaba en actitud de éxtasis.

Doña Mercedes sollozaba quedo.

Sofía había cruzado las manos, y parecía orar.

Matilde jugaba con un gato de Angora, y reía a sus caricias.

Don Crisóstomo estaba silencioso.

–¡Qué bien canta usted! –dijo doña Mercedes.

–¿Nos enseñará usted a cantar así? –añadió Sofía;

el padre y el hijo, estaban como absortos, hundidos en la vaguedad del mismo sueño;

sentían aún el encanto dominador de aquella voz, seductriz, misteriosa y turbadora...

habían entrado en el éxtasis, aquel de que habla Leopardi:

Cagione diletta d'infiniti affanni.
(Principio amado de infinitas penas;)

la sirena había callado;

y, su voz y su isla, se perdían en las lejanas brumas del misterio...

*
*   *

Cuando Luisa llegó a su habitación, aunque rendida por las fatigas del día, no pensó en dormir;

encendió la lámpara, que con un globo de alabastro, halló sobre el velador, y se puso a escribir para su madre; su mano se deslizaba rápida y nerviosa sobre el papel, y varias veces hubo de llevar el pañuelo a sus ojos para enjugarse el llanto;

cuando terminó y cerró la carta, sacó de su baúl un libro en blanco forrado en terciopelo azul, con adornos de oro, que le habían obsequiado como premio, y escribió en la primera página con su letra clara y elegante: *Memorandum;* y en la otra página la fecha del día siguiente; después lo cerró, extinguió la luz y se acercó a la ventana; daba ésta sobre el jardín, y se divisaba desde ella una inmensa extensión de potreros y dehesas;

al abrir las batientes de cristal, la pieza se impregnó de ese olor penetrante y voluptuoso de los bosques en la noche;

allá lejos, los grandes cerros semejaban gigantescos hipogeos de una raza extinta; las nubes blancas sobre las altas cimas, parecían tenues vapores, inmovilizados allí, en medio de la sombra que había borrado en su invasión silenciosa los tonos fluidos de la tarde; las perspectivas todas se hundían en una como lontananza ideal, disolviéndose en el azul pálido, en una fantasmagoría de espejismo;

las grandes piedras de la llanura fingían animales mitológicos, hijos de faunas fósiles, como aquellos carneros mutilados que, medio hundidos en la arena, muestran cerca a las ruinas de Thebas, el límite del desierto; la entrada a la región augusta del silencio; la vecindad de los grandes templos ptolemaicos;

los sauces alineados en largas filas silenciosas, como si esperasen el paso de alguna procesión mágica, de alguna vieja divinidad aborigen, con la solemnidad de sus ritos ya abolidos;

las tiernas cabelleras azulosas de los cipreses, caídas con indolencia, como inmensas plumas de avestruz, moviéndose en el pálido abismo con un movimiento rimado, melancólico, como obedeciendo al soplo de una visión oculta en su ramaje;

y, todo el horizonte bañado en un tinte delicado de rosas otoñales...

al pie de la ventana, un arroyo rumoroso, a cuya orilla, violetas y geranios abrían sus cálices repletos de olores;

altos eucaliptos, proyectaban su sombra espectral, engrandecida por el rayo de la luna, fingiendo extraños fantasmas al retratar sus ramas descarnadas en el suelo del aposento, y en los blancos cortinajes del lecho;

en el estanque vecino, dormían los patos inmóviles; rosas blancas caídas en una ánfora;

las *candelillas* volaban en los ramajes vecinos; múltiples ruidos violaban aquella calma nocturna;

la atmósfera saturada de perfumes; el cielo tachonado de estrellas; la soledad, la calma, todo invitaba a meditar en aquella maravillosa decoración de melancolías irremediables, de tristezas, y de sueños...

Sin temor al frío de la noche, la joven se reclinó en la barandilla del balcón, y se puso como a escuchar lo que San Juan de la Cruz, llama en una de sus canciones:

La música callada,
La soledad sonora.

y, se absorbió en serios pensamientos;
el libro de su vida se abría ante ella;
casi huérfana, joven, hermosa, sin apoyo, había llegado a aquella casa: ¿lo hallaría allí? entonces repasó en su memoria, las personas que había conocido ese día.

Don Crisóstomo le inspiraba miedo; su mirada tenía del tigre y del cocodrilo;

un recuerdo vago aumentaba aquel temor; aquel hombre le parecía ser el mismo que, muy niña ella, la había perseguido muchas veces en las calles, hostigándola con promesas, con caricias sospechosas; el mismo que había desflorado la castidad de sus oídos, con una palabra vil; el mismo que había osado hacer a su madre, una proposición de proxeneta; el mismo que había querido comprar su virginidad impúber...

sí, le parecía el mismo; y un secreto presentimiento le decía que, lejos de ser su apoyo, acaso tendría que buscarlo contra él.

Doña Mercedes, le inspiraba recelo.

había hablado con desprecio del oficio de su madre; su voz era un silbido de sierpe; debía haber en ella algo de la víbora.

Sofía, estaba acaso llamada a ser protegida por ella, más bien que a ser su protectora;

en los ojos de Matilde, sorprendió un fulgor de soberbia, pronto a convertirse en un resplandor de odio;

sólo unos ojos la habían mirado con ternura infinita; sólo una alma parecía llamar al alma suya; era Arturo:

¿Podría ser su protector?

–¡Bah! –murmuró tristemente–: es un niño;

poco después, cerró la ventana y se recogió; el sueño sano y fuerte de la juventud, cayó sobre ella.

*
* *

He aquí fragmentos del *Memorandum* de Luisa, sencillo y breve en su inocente simplicidad.

Enero...

¡Qué extraña sensación se apoderó de mí esta mañana al despertar!

cuando abrí los ojos, creí encontrarme en mi dormitorio de la Escuela; pero los objetos que me rodeaban fueron tomando forma, a la incierta luz que penetraba por un postigo mal cerrado de la ventana;

las colgaduras del lecho, a pesar de su blancura irreprochable, me parecieron sombrías; frente a la cama se halla un inmenso armario de nogal, que haría el encanto de un anticuario; un sofá forrado de damasco rojo, y que parece ser por su forma de la misma generación ya casi extinguida del armario, hace juego con dos sillas sus compañeras, forradas en la misma tela; una mesita colocada al lado de la ventana, está destinada, sin duda, a llenar el papel de escritorio, pues tiene una carpeta del color de los otros muebles, y sobre ella un tintero, plumas, y todos los útiles de escribir;

el ropero es tosco y recién barnizado; sólo el lavabo tiene algo de sonriente, con su hermoso juego de porcelana blanca;

el despertar en aquella habitación, más austera que bella, me entristeció;

37

no había allí nada que revelara la tierna solicitud de un ser amado; ¡ay, madre mía, tú estabas ausente! así me imagino que serán los cuartos de los grandes hoteles;

cuánto más bello se presentaba a mi imaginación, el risueño cuartito de la tienda de mi madre, con sus macetas de clavelinas, el turpial en su jaula trinando alegremente, y el retrato de mi padre mirándome con ternura;

¡oh, humilde nido de mi niñez, no podré olvidarte nunca!

poseída de tan tristes pensamientos salté del lecho, me envolví en una bata y abrí la ventana; un torrente de luz entró por ella; a sus rayos, todos los objetos, antes tan tristes, tomaron vida, animación y colorido;

apoyada en el antepecho del balcón, me absorbí en la contemplación de la naturaleza;

¡yo, no había visto nunca nada tan bello!

el sol no acababa aún de asomar sobre Monserrate, y una luz apacible y brillante, llenaba el horizonte;

el panorama que desde mi ventana se divisaba era espléndido;

el pequeño arroyo que me había arrullado la noche anterior, venía saltando desde una colina cercana, como un niño fugitivo, hasta caer al baño de la casa, que se oculta entre un bosque de sauces; las flores que acariciaba a su paso, se alzaban orgullosas coronadas de rocío, que el sol iba a evaporar;

sobre el césped, parecía que se hubiera roto un inmenso espejo, en cuyos dispersos cristales el sol jugueteara: tanto así brillaban las escarchas de la noche sobre el tapiz del llano; a través de la tupida arboleda que me impedía ver todo el horizonte, se alcanzaba a columbrar a trechos la sabana, en la cual correteaban los potros indómitos, y pacían las vacadas impasibles; frente a mi ventana, bajo un inmenso y melancólico sauz, hay un banco de piedra, a cuyo pie crecen unas azucenas pálidas y fragantes, perpetuamente besadas por el arroyo que forma cerca de ellas un remanso; en las ramas del árbol hay todo un pueblo de aves, especialmente ruiseñores y cardenales;

¡qué bello debe ser sentarse allí a leer a la caída de la tarde!

al aspirar aquel aire, al contemplar aquel horizonte, sentí como una nueva vida; parecía que mi sangre hubiese aumentado en volumen y en la velocidad de su circulación: tan fuerte la sentía correr por mis venas;

la vista de aquel espectáculo me enloquecía;

tuve un instante de felicidad; pero al momento un pensamiento vino a mi alma: ¡oh! ¡si estuviese aquí mi madre! mientras yo gozo de estos placeres de la naturaleza, la pobre mártir languidece inclinada sobre su mesa de trabajo en un cuarto malsano;

el hermoso cuadro se enturbió de súbito; era que el llanto anublaba mis pupilas; ¡pobre madre! ¡yo te arrancaré a esa servidumbre, y haré que no mueras sin probar una gota siquiera de las dulzuras de la vida!...

con tan tristes pensamientos me retiré de la ventana y me puse a arreglar mi cuarto;

pronto estuvo trasformado, con los perfumes y adornos del lavabo y el espejo con marco de *peluche*, que me habían dado en premio el año anterior, y que coloqué sobre una mesita de centro; con dos *albums* lujosos adquiridos en diversos exámenes; con los *macasares* tejidos por mí, y con los cuales adorné el sofá y las sillas; dos cojines bordados en la Escuela, que puse sobre los poyos de la ventana; mis libros de estudio y algunas poesías sobre el escritorio; el retrato de mi madre y el mío con sus hermosos marcos en la mesa, y mi *Dolorosa* a la cabecera de la cama;

parecía que el cuarto sonreía al verse ataviado así; después procedí a arreglarme el traje de la mañana y esperé que me llamaran al desayuno; me tocó hacerlo sólo con mis alumnas; la señora se levanta tarde; el señor de la Hoz, se hace servir el desayuno en su cuarto; Arturo se dedicaba a trabajos del campo ese día;

al salir del comedor, pasamos al cuarto de estudio, frío, desapacible y sin cuidado; me ocupé primero, de hacer la lista de los útiles que faltan, y luego de ver el grado de instrucción de mis discípulas; ambas se hallan en estado rudimentario; Sofía, pone mucha atención y revela tener amor por el estudio; Matilde, oye de mala gana, no manifiesta interés por aprender y no sabe ni leer bien.

Enero...

El día de ayer transcurrió sin novedad, entre el estudio y los arreglos del salón; por la tarde dimos mis alumnas y yo un paseo al prado vecino; Sofía, conversando a mi lado, me sorprendió por la seriedad de sus pensamientos, y me habló con cierta pesadumbre de la soledad y la tristeza del campo; hay en esta niña algo como un oculto dolor, que sin duda, ha ocasionado la precocidad de su talento; Matilde no hablaba casi nada, y parecía disgustada porque Arturo no había venido con nosotros;

al volver a la casa, hallamos al señor de la Hoz y a la señora, que venían a nuestro encuentro y estuvieron muy afables conmigo.

40

Enero...

Los días se pasan en una monotonía desesperante;

sólo en las horas de mis clases o en aquellas en que escribo para mi madre, logro salvarme del aburrimiento;

me siento aislada en esta casa;

la señora no me inspira confianza; encastillada en sus preocupaciones, no olvida que soy hija de artesano, y usa conmigo de un aire protector que me lastima;

el señor de la Hoz, sigue causándome una aversión y un temor grandísimos;

la mirada de sus pequeños ojos, siempre fijos en mí, me espanta; hay en ella algo que no puedo explicarme; entre este hombre y yo, se levanta aquel recuerdo fatal; lo temo.

Sofía es dulce y amable, pero poseída de una extraña melancolía; gusta de venir a mi cuarto a leer versos, y luego se acerca a la ventana, se sienta allí, y permanece horas enteras absorta como si soñara.

Matilde es díscola y altanera; comprendo que no me ama.

Arturo, quiere ser agradable, pero su timidez excesiva lo perjudica; nos sigue a los paseos, silencioso, mirándome con extraña fijeza; se apresura a la satisfacción de mis más triviales caprichos; el otro día, sentados en el potrero, vimos posarse cerca de nosotros una gran mariposa con las alas blancas como la hoja de un *malabar* y una mancha azul en cada ala.

–¡Qué bella! –dije, y me levanté para perseguirla.

–¿Le gusta a usted, señorita? –dijo Arturo.

–¡Mucho!

se lanzó en pos de ella; atravesó vallados, saltó zanjas, y herido por las espinas, pero radiante de gozo, puso en mis manos la mariposa prisionera;

me oyó decir otro día que amaba las rosas amarillas, y todas las tardes al regresar del paseo me obsequia un ramillete de ellas.

Enero...

Hoy he comprendido todo lo que es un mal carácter; con motivo de una tarea no cumplida, hice una observación a Matilde; me respondió mal y tuve que reprenderla.

–Usted no puede regañarme a mí –repuso con una inmensa furia pronta a estallar;

sorprendí en sus ojos un resplandor que no es sólo el de la cólera;

comprendo que me odia inmensamente ¿por qué? yo no la he hecho mal ninguno;

no quise responder a su impertinencia por temor a otra mayor y abandoné el salón.

Matilde se acercó a Sofía, y le dijo con voz temblorosa de soberbia, algo contra mí que no escuché; Sofía levantó con majestad la cabeza y le contestó con rudeza:

–No seas necia; vale más que tú.

Febrero...

He dado la primera queja sobre el carácter de Matilde, al señor de la Hoz, quien se ha mostrado muy severo; la señora me ha dicho que la disculpe; mientras la reprendían por su falta, Matilde reía o mordía furiosa su pañuelo.

Febrero...

Hoy, al regresar del paseo, Arturo no me ha obsequiado ramo, sino un hermoso botón de rosa canaria, diciéndome:

–Señorita, espero que éste lo conservará usted sin arrojarlo por el balcón, como las otras flores, cuando esté marchito; me procurará usted, un gran placer con ello; ¿lo guardará usted?

–Sí.

–Gracias –dijo clavando por primera vez en mí, la mirada de sus grandes ojos grises, sin bajarlos luego.

Febrero...

El señor de la Hoz y Arturo, han partido hoy para Bogotá;

dos sentimientos distintos me ocasiona esta partida;

la vista del padre, me fastidia y me aterroriza; cada día extrema más sus cariñosas demostraciones hacia mí.

¡Dios mío! ¿será esto ingratitud? no lo sé; pero es un sentimiento de aversión que no puedo dominar; he notado que busca la ocasión de quedar solo conmigo en el salón, y entonces su conversación viene a caer siempre sobre el tema de lo porvenir para mí; de lo ingrato de la tarea que desempeño; de cómo una enfermedad podría sumirme de súbito en los horrores de la miseria, y cuál sería mi suerte si la orfandad acabara de caer sobre mí, y quedase sola en el mundo...

este hombre se complace en entristecerme;

si esto es un verdadero interés, ¿por qué no conmueve mi alma?

cuando habla de las desgracias que pueden sobrevenirme, su voz tiembla como si efectivamente fuesen ya a verificarse; hay veces que enmudece por momentos y se queda mirándome de tal manera que me da pavor;

evito cuanto puedo estos momentos de conversación; pero me es imposible esquivarlos del todo;

he sentido, pues, un gran alivio con la ausencia del padre;

en cambio, a Arturo me había habituado a mirarlo como un hermano; es la única persona que me inspira confianza; su ausencia ha dejado un vacío en mi alma; sé que ha de ser muy corta y, sin embargo, me entristece mucho;

yo, que no he tenido en mi vida más que a mi madre, tengo una inmensa necesidad de afectos, y Arturo ha sido tan bueno para conmigo; he adivinado en él, una fuerza de carácter rara a su edad; y, débil y desvalida como soy, me he hecho la ilusión de contar con esa fuerza;

ayer en la tarde, triste ya con la noticia del viaje, me había sentado a leer en el jardín a la sombra del sauz, frente a la ventana de mi cuarto, e insensiblemente había dejado la lectura y entregándome a mis meditaciones habituales, cuando sentí el ruido de alguien que se acercaba; era Arturo.

–¿He molestado a usted? –me dijo con pena.

–No.

–Deseaba anunciarle que voy mañana a Bogotá, y me sería muy placentero servirle en algo.

–Muchas gracias, sólo deseo que vuelvan ustedes pronto.

–¿Pensará usted en nosotros en estos días? –me preguntó, clavando en mí una mirada triste y profunda.

–Cómo no, si ustedes nos van a hacer mucha falta;

calló por un momento; y serio y reflexivo, como si pensase decirme algo, se inclinó luego sobre una pequeña mata de rosas blancas en botón, arrancó uno y me lo obsequió diciéndome:

–¿Querría usted hacerme el favor de conservar esta flor hasta mi vuelta?

–Sí –le respondí, asaltada ya por una emoción que no puedo descifrar;

hubo un instante de silencio embarazoso, en que pugnaba por decirme algo, y luego, levantando a mí sus ojos con un extraño fulgor, como quien hace un supremo esfuerzo, me dijo rápida, brusca, temblorosamente:

–¿Y, no me daría usted como recuerdo esa flor que tiene en su pecho?

maquinalmente la desprendí y se la entregué.

–Gracias, gracias –me dijo, con tanta gratitud como si le hubiera salvado la vida;

no sé qué intentó añadir, porque en aquel momento llegaron Sofía y Matilde;

fingiendo hacer en la arena cifras con un junquillo, inclinó la frente, y se puso rojo como una amapola;

yo me inmuté también ¿por qué? no lo sé.

Sofía vino a mí, feliz, enlazando mi cuello con sus brazos, y Matilde, hosca y sombría, se sentó en el tronco de un árbol.

–¿No paseamos esta tarde, señorita? –preguntó Sofía.

–Las estaba esperando a ustedes, vamos, pues.

–Vamos, Matilde.

–Estoy cansada, las aguardo aquí –dijo sentándose en el puesto que yo acababa de dejar, al lado de Arturo, quien, continuaba aún allí acariciando su hermoso perro inglés;

no bien hubo su prima ocupado el banco y visto que nos alejábamos, cuando se puso en pie, y marchó en dirección a la casa;

al regresar del paseo, no la hallamos en el sitio aquel;

tenía ya sin duda el dolor de cabeza que le impidió bajar a comer.

45

Febrero...

La señora, se ha mostrado muy satisfecha al saber que yo sé bordar con oro, y me ha invitado a que demos principio entre las dos, a un Palio que tiene ofrecido a la iglesia de Serrezuela[2];

esto ha roto en parte la muralla de hielo que hasta hoy ha existido entre ambas;

obligada a estar juntas dos o tres horas diarias, hastiada del silencio de los primeros días, ha sostenido conmigo largas pláticas;

hoy la conversación recayó sobre Matilde, cuyo mal genio se hace cada día más intolerable.

–No es extraño –me dijo ella–; la madre era así, y su pésimo carácter fue el calvario de mi pobre hermano;

y, luego, me contó cómo éste se había casado contra la voluntad de su padre, con una campesina muy rica, que dominándolo siempre, murió al fin dejándole esa niña, y que enfermo, después de tanto sufrir, había muerto también, constituyendo a don Crisóstomo en tutor de la huérfana;

más tarde, en son de confidencia muy íntima me dijo:

–Crisóstomo y yo, pensamos casarla con Arturo;

y, guiñando sus ojos verdes, añadió:

–Y, los muchachos se entienden...

esta confidencia me ha hecho un daño horrible...

Febrero...

Hoy en la mañana, no habiendo salido de mi cuarto, por ser domingo, me entretenía en escribir, cuando precipitadamente entró Sofía;

---

2. Nombre que tuvo hasta 1875 el actual municipio de Madrid, en Cundinamarca, Colombia. N. del Ed.

estaba lívida y temblorosa como si la viniesen persiguiendo.

–Sálveme usted; sálveme usted, señorita –exclamó arrojándose a mis brazos.

–¿Qué hay? ¿qué le pasa? –dije asustada, levantando con una mano su cabeza caída sobre mi hombro.

–Que ahí están ellos, y yo no quiero bajar.

–Pero, ¿quiénes son ellos?

–Los Díaz, don Felipe y Simón.

–No comprendo.

–¡Ah! señorita –dijo entonces, dejándose caer desalentada sobre el sofá, y ocultando su rostro entre las manos–; ¡cuán desgraciada soy!

los bucles de su cabellera destrenzada, caían sobre sus hombros como haces de luz; su cuerpo, que empieza ya a tomar contornos admirables, se hundía en el acolchonado; por la blancura ebúrnea de su cuello, por su abandono y su inmovilidad, se habría dicho una estatua, si el movimiento, aunque leve, de su pecho, no hubiese indicado que vivía;

me acerqué a ella; aparté de su rostro una de sus manos, empapada de lágrimas, y le dije con cariño:

–Pero, ¿qué pasa? ¿por qué llora usted así?

–Ya está ahí ese hombre –me respondió con horror.

–¿Qué hombre?

–Simón.

–Y, ¿qué hombre es ese? ¿por qué llora usted por eso?

–¡Cómo! ¿ignora usted? –dijo, alzando hacia mí con extrañeza sus grandes ojos húmedos–; ¿no sabe usted que me quieren casar con él?

–Y bien...

–Yo no lo amo, ¡oh, no!, yo no me casaré con él.

–¿Y se lo ha dicho usted a su mamá?

–Sí, pero ella se empeña.

–¿Y su papá?

–No tolera que le hablen de eso; de él, es el proyecto; ese hombre es rico, y me quieren vender; eso es todo –repuso, y tornó a sollozar en una verdadera crisis de nervios;

yo callaba, sin saber qué debería decirla;

aconsejarle que desobedeciera a sus padres, era indigno de mí como su maestra; y, contra el consejo de una absoluta sumisión al sacrificio, se rebelaba mi carácter todo, mi corazón altivo de mujer; además, aquella obstinación no podía ser un capricho, debía tener graves y ocultos motivos que yo ignoraba.

–Queda el recurso de esperar –le dije entonces–; usted es muy joven, y con un plazo largo las circunstancias varían: ¡suceden tantas cosas en un año!...

–Es que yo no me casaré nunca con él.

–¿Por qué?

–Porque no lo amo.

–Puede usted llegar a amarlo.

–Jamás, jamás –respondió con entereza, y calló después;

como una nube negra, que pasando ante el sol proyecta su sombra fugitiva en un témpano de hielo, así pasó algo como un pensamiento triste, un recuerdo doloroso sobre aquella frente de niña;

y quedó inmóvil, con su mirada fija en el espacio;

en sus grandes ojos abiertos se fue secando el llanto, y fueron haciéndose claridades en su alma y sobre su rostro, y se envolvió en una como beatitud suprema; su semblante tomó la expresión del éxtasis;

no me atreví a hablarle; ¡estaba tan bella así!

su chal azul rodado a sus pies, y su traje vaporoso y blanco, le formaban uno como lecho de nubes; parecía vagando sobre un trono de espumas y olas dormidas;

el sol de la mañana reverberando en sus rubios cabellos, formaba un nimbo de luz en torno a su cabeza de querube;

sus ojos tenían la extraña irradiación de los videntes; la luz brillaba sobre dos lágrimas que habían quedado en sus mejillas, como diamantes sobre una hoja de nácar; su nariz y su boca entreabiertas, respiraba con voluptuosidad el ambiente enervador, que del jardín y del bosque cercano entraba a saturar la habitación; su seno se ensanchaba con movimiento de onda; el ramo de rosas blancas y rojas con que me obsequiaba todos los domingos, y que me traía aquel día, yacía a sus plantas; los pájaros del jardín y las brisas del valle, aleteaban suavemente en la ventana, como si temiesen perturbar aquella alma que soñaba;

de súbito se estremeció y volviendo a la ruda realidad de la vida, exclamó en voz alta:

–¡Jamás, jamás!

luego, tomando una mano mía, que llevó a su pecho, me dijo en tono de lastimosa súplica:

–¡Sálveme usted, señorita; ayúdeme usted!

–Hay tiempo de que pensemos en eso –le respondí–; déjeme usted meditar; por hoy, vístase y baje conmigo al salón; no sea con ese joven, ni demasiado esquiva, porque eso enardece su pasión, ni demasiado amable, porque eso aumenta su esperanza.

–Así lo haré; muchas gracias.

me besó en la frente y se alejó después, melancólica y grave, como si estuviese bajo el imperio mágico de un sueño indestructible;

quedé pensativa también, contemplando aquella niña que acababa de abrir sus ojos a la vida, y ya sentía la inmensa pesadumbre del dolor;

y pensé qué podría aconsejarle;

49

lejanos y obscuros atavismos de mi raza rebelde me impulsaban a la resistencia; pero, ¿podría luchar ella?

¿qué gente era ésta que así sacrificaba la ventura de su hija?

maldita sed de oro;

cuando bajamos al salón, doña Mercedes me presentó a los dos personajes que habían ocasionado la escena de la mañana.

Don Felipe, era el tipo perfecto del *orejón*[3] rico;

de escasa estatura, cargado de espaldas, fuerte de hombros, arqueadas las piernas como todos los que tienen el hábito de montar a caballo; cortas y velludas las manos, como las de un oso; rubicundo el semblante tostado por el sol, rojo, especialmente en la nariz, como si tuviese predilección por el vino de nuestros antecesores aborígenes; tupida y blanca la barba; el cabello escaso y blanco también; su boca grande dejaba ver al reírse todas sus piezas admirables, hasta la muela cordal; sus ojos grandes y negros revelaban una benevolencia sin límites; sus cejas pobladas, su voz recia, su carcajada sonora, demostraban bien las cualidades distintivas de su carácter: la bondad y la franqueza; naturaleza fuerte; alma ingenua;

su hijo, era el tipo del campesino civilizado, que teniendo algo de la elegancia de la ciudad, conserva cierta altiva rudeza, cierta expresión de fuerza seductora; más alto que su padre, no tenía de aquél la musculatura hercúlea; sus formas eran esbeltas más que fuertes; moreno y tostado el cutis; rojas las mejillas; negro y exuberante el cabello; un ligero bozo sombreaba su boca, de labios gruesos y dientes muy cuidados.

---

3. Campesino acomodado de la sabana de Bogotá.

Don Felipe vestía un traje burdo, color de ceniza, camisa de color y corbata negra; sobre la mesa se veía un inmenso sombrero de *jipijapa*, y en el sofá del corredor su *ruana* de Guatavita, negra, con forro morado.

Simón llevaba vestido de paño delgado, azul obscuro, con ancho viso de galón de seda, elegantemente cortado; botines de cuero muy suave, camisa de alto cuello y puño de blancura inmaculada; sólo dos cosas perjudicaban la elegancia del conjunto y acusaban su campesinismo no perdido del todo: una corbata azul clarísimo, digna de un novio de aldea; y el uso inmoderado del aceite en la cabeza; señal inequívoca de *toilette* rural.

a su aspecto marcadamente varonil, perjudicaba también la raya por la mitad del cabello, lo cual da siempre a la fisonomía, un aire afeminado y nada serio; su conjunto era atractivo y simpático, su mirada dulce y su sonrisa graciosa;

sus modales, demasiado encogidos para cortesano, querían ser también demasiado libres para campesino; y de este hibridismo raro, resultaba una mezcla confusa de timidez y desenfado que le hacían mucha gracia;

conversaba poco, y miraba a Sofía con tal insistencia, que indudablemente molestaba a aquélla, la que sentía esas miradas sin corresponder a ellas;

cuando llegamos al salón, la conversación languidecía visiblemente.

Don Felipe, locuaz y dado a gracejos, callaba desconcertado por el monosílabo permanente de doña Mercedes, quien encerrada en las fórmulas más estrictas, gozaba en hacer sentir a los demás, todo el peso de su orgullo insuperable.

Simón no había hablado casi, y miraba distraído los cuadros que adornaban los muros de la sala, con ese abandono de la juventud, con ese aburrimiento invencible que inspiran a esa edad, las conversaciones triviales de los viejos;

bien pronto la tertulia se reanimó.

Don Felipe me tomó por interlocutora suya, y alentado con la atención que le demostraba, me habló de su familia con pasión, con un sentimiento amplio y generoso que desbordaba de su alma;

como todos los hombres de poco tacto social, que piensan únicamente en su profesión, como si todos fuesen de la misma; me habló del campo; de sus sementeras de trigo; de la cosecha que perdió ese año; de una siembra inmensa de patatas que había hecho; del precio de estos artículos, en Facatativá; de la miel de Anolaima; de unos muletos que le habían llegado del Tolima; en fin de todos sus negocios y esperanzas, mezclando a estas banalidades, cuadros de la vida sabanera, admirables de colorido y animación; anécdotas graciosísimas, que él, aumentaba con su mímica especial, y cierto rudo espíritu de burla, que hacían divertidísimas sus narraciones, llenas de ingenio y vivacidad.

Simón hacía esfuerzos por entrar en conversación con Sofía, sin lograrlo;

comprendiendo la tortura de ambos, aproveché un momento en que don Felipe se detenía en su disertación, para acercarme a ellos.

–Qué callados están ustedes –les dije.

–La señorita parece estar muy triste, o muy disgustada –replicó Simón con mal disimulada amargura.

–Ella es siempre así –arguyó doña Mercedes–; y antes hoy está muy contenta de verlos a ustedes aquí.

Matilde, que se hallaba sentada en el hueco de una ventana, tosió maliciosamente, haciendo un guiño de ojo a

Sofía, la que enrojeció toda, embelleciendo inmensamente, con aquella oleada de sangre que subió a su rostro.

–¿Ama usted la pintura? –pregunté a Simón, quien,
sin duda por hacer algo, miraba una bella acuarela co-
pia de un Wateau, que había en una rinconera.

–Sí, señorita, pero no entiendo nada de ese arte, y
admiraba simplemente la belleza de ese paisaje.

–Va a ver usted unos hermosísimos, en estas vistas
de Suiza, los Alpes, Italia, España, y muchos sitios de Europa y América –dije, abriendo sobre la mesa del centro un inmenso álbum, muy contenta de hallar así una
manera de entretener a nuestros huéspedes, cuyo malestar casi se hacía visible;

mientras don Felipe trataba de hallar parecidos todos los lugares de la sabana a las campiñas de Italia, y
los desfiladeros del Simplón, al alto del *Petaquero*, exclamando a cada paso con envidiable amor patrio: ¡oh,
nuestro país tiene bellezas superiores!

pude notar que Simón poseía bastantes conocimien-
tos de Historia y de Geografía, pues juzgaba con crite-
rio ilustrado ciertos hechos históricos y hablaba con
entusiasmo de poeta, de Nápoles y Florencia; y, cuando
contempló el sitio a un tiempo idílico y agreste en donde alzó sus cantos inmortales el cisne de Vaucluse, dijo:

–Cuentan que Laura tenía los ojos negros y el cabello rubio:

> el cabello que hacer al sol podría
> morir de envidia lleno,
> y aquel mirar sereno
> a do el amor sus tiros escondía...

y, murmurando muy quedo esa malísima traducción
que todos sabemos, miró fijamente a Sofía.

–Dicen que las mujeres rubias son insensibles, ¿será verdad? –me preguntó.

–No lo creo.

el joven calló meditabundo;

viendo las cataratas del Niágara, decía don Felipe:

–Este muchacho no conoce los chorros esos porque no ha querido; estoy cansado de instarle que se vaya a estudiar mecánica al Norte, y siempre sale con disculpas, y no quiere ir; ahora, ya ni a Bogotá; no se preocupa por estudiar, y de lo que me habla es de casarse;

temiendo alguna ligereza de su padre, el joven le llamó la atención a un molino de Auvergne, y una granja del Jura, los que por sus afinidades le agradaron mucho, y le dieron tema para una larga disertación sobre molinos y trigos;

felizmente llamaron a almorzar, y la conferencia agrícola se interrumpió;

después del almuerzo, Sofía y Matilde alegaron cualquier pretexto para retirarse por un momento, momento que se prolongó toda la tarde.

Don Felipe y la señora, celebraron una conferencia, y durante ella yo quedé sola con Simón;

lo encontré juicioso, pero de pasiones ardientes y carácter arrebatado;

tendiendo a las expansiones, trató varias veces de hacerme sus confidencias, pero encontré siempre manera de detener en sus labios la confesión penosa; ¿no sabía ya bastante? harto tengo yo con mis propios secretos, y los que involuntariamente he sabido, para recibir nuevo depósito de ellos;

cuando, a las cuatro de la tarde, después de haber despedido a los dos visitantes, entré a mi habitación, Sofía, que me esperaba en él, saltó a mi cuello radiante de alegría, exclamando:

–Ya se fueron; ¡gracias a Dios!

–Pero volverán.

–Sí, a hablar con mi padre seriamente; pero todo será en vano.

–¿Por qué?

–Porque no puede ser... –dijo con sombrío acento de resolución y voz nerviosa y ronca, como si un recuerdo espantoso se le hubiera venido al cerebro;

después me abrazó con efusión y salió meditabunda, lentamente, paseando como una princesa de tiempos antiguos, su doliente historia, y su romántica belleza, bajo las blancas arcadas de los desiertos corredores.

Febrero...

–¿Verdad que soy muy loca? ¿me juzga usted mal? –me decía esta tarde Sofía, sentada en la cerca que divide el potrero del jardín, tomando en la suya una de mis manos, y mirándome con el aspecto de un niño a quien van a regañar.

–¿Por qué?

–Por mi conducta con Simón.

–Es verdad, no me explico...

–Sí, tiene usted razón, señorita; esa conducta parece inexplicable; pero, ¡ah! si usted viera el fondo de mi alma –dijo, dando a sus facciones y a su acento, esa gravedad que a veces me sorprende tanto–; siento que no podré ocultar a usted nada; no tengo otra persona que usted que me inspire confianza; mi padre es tan severo... mi madre, ya ve usted que apenas me permite hablar con ella; Matilde es ligera y envidiosa; Arturo; ¡oh! a él, ¡imposible! –exclamó con una especie de terror como si le hubiese oído.

–Si yo hubiera tenido una persona a quien hacer partícipe de mis secretos –continuó lentamente–, ¡cuán distinta sería mi suerte!, ¡pero, estoy sola!...

ocultó el rostro con las manos y prorrumpió a llorar.

–Sola, no –le dije–, ¿no me ha dicho usted que tiene confianza en mí?

–Es verdad, señorita, a usted le revelaré todo; es una confidencia que me pesa; necesito decirlo a usted, aunque me riña, aunque me desprecie después; usted me compadecerá al fin. Es imposible que yo me case con Simón.

–¿No le agrada a usted?

–No.

–¿Ama usted a otro?

–Sí –dijo muy paso, e inclinó la frente; después, nerviosa, febricitante, como quien toma una resolución suprema, volviendo a coger mi mano, que había abandonado, continuó:

–Sí, lo amo mucho, con toda mi alma; yo no podré querer a otro; no tengo la culpa, señorita; pasé mi infancia descuidada, y la pasé al lado de él, nos criamos como dos hermanos; es mi primo Germán:

tiene los ojos azules y el cabello castaño; ¡oh! es muy bello; y entornó los párpados como si lo contemplara; y después continuó aprisa, agitada, como si temiese ser contenida; como un torrente que se desborda; hablando como en monólogo, incoherente, apasionada:

es hijo de una prima de mi madre; huérfano, y vivía siempre con nosotros; correteábamos todo el día; a veces íbamos a pie hasta muy lejos, y en el pueblo concurríamos a la misma escuela...

después en Bogotá seguimos amándonos; su frase tenía para mí una expresión distinta; me dominaba por

completo; tiene un carácter arrebatado; es muy celoso; mis padres nada sospechaban; ¡ah señorita, ha sido la única época feliz de mi vida! todo fue así hasta las vacaciones del último año que vino aquí; es unos meses mayor que Arturo; cuenta casi diez y siete años; ya no podíamos disimular;

nos sorprendieron conversando en el corredor; me regañaron a mí; lo amenazaron a él; todo fue en vano; se irguió ante mi padre, contestó bruscamente a mi madre, y dijo que sólo esperaba crecer para casarse conmigo;

entonces, me prohibieron que hablara con él; ¡era imposible! lo amo mucho, y me ha dominado siempre; basta que fije en mí sus ojos indignados, para que yo tiemble;

nos veíamos todas las tardes, allí, en aquel remanso del río, en esa orilla, a la sombra de esa piedra sobre la cual crece una enredadera silvestre; es un lugar bellísimo;

allí me embriagaba de amor oyendo sus palabras, y me extasiaba viendo asomar las estrellas en el cielo;

allí me juró él, y me hizo jurar, que sería su esposa;

me dijo que tenía talento, que sería rico, y un grande hombre;

la vigilancia de mi madre aumentaba, y duramos seis días sin vernos;

al fin... era la víspera de la partida; imposible que se marchara sin despedirnos, había ido a cazar venados con Arturo; y yo, burlando la vigilancia, lo esperaba oculta entre la enredadera, bajo la gruta;

al cabo aparecieron en el horizonte;

aun me parece que lo veo venir, con un vestido de dril gris, botas negras, y su escopeta al hombro; yo no he visto nada más arrogante;

desde mucho antes de llegar al río, fingió desviar para un ranchito vecino, y conversar con un labrador, dando tiempo a que se alejara Arturo, quien traía a *Leal* y dos perros más; luego descendió por un extremo del puente y pasando el río a saltos, de piedra en piedra, vino a donde estaba yo;

llegó visiblemente conmovido; sus hermosos ojos, siempre tan dominantes, estaban tristes; se sentó a mi lado, colocando la escopeta en el suelo, y me habló de su viaje; su voz temblaba, y las lágrimas asomaban a mis ojos; yo lo oía sollozando.

–Soy muy joven, me decía, por eso no puedo casarme, pero voy a estudiar mucho para ser un grande hombre; ¿me esperarás? mis tíos son ambiciosos, y querrán casarte por dinero; tú sabrás ser fuerte; júrame que lo serás; se lo juré;

¡si tú me olvidaras!... añadió con voz ronca y sombría, no sé qué haría: ¡me siento capaz de todo! ¿me olvidarás? nunca, nunca, le dije con toda mi alma;

luego me habló cosas tan tiernas, tan apasionadas, como yo no he oído nunca; su voz tenía para mí, la melodía de un himno; sus ojos, un brillo extraño de fosforescencia... había tomado una de mis manos en las suyas, y la estrechaba fuertemente;

no sé cómo su brazo se había enlazado a mi talle, y estaba ya cerca, tan cerca, que su aliento me abrasaba el rostro; yo no lo oía ya sino como un murmullo vago muy lejano... la sangre me circulaba con inmensa velocidad, y se me agolpaba al cerebro; sentía conmociones indefinibles; ganas de llorar; algo como si soñara; él, me besaba la frente, acariciaba mis cabellos, y sus labios buscaron los míos como con furia... la impresión de su boca, el ardor de su aliento, todo el olor de su cuerpo,

que yo no había sentido nunca tan cerca, me enloque-
cieron;

   con mis labios pendientes de los suyos, sintiéndolo
estremecerse, mirándome en sus ojos que me incendia-
ban, y tras de los cuales veía el cielo, me abracé a él
como una llama a un tronco.

                    ... ...
                    ... ...

   Los cuclillos cantaban en la grama; el río corría indiferente, como si nada hubiese visto; las candelillas,
como flores de luz, empezaban a brillar en las ramas de
la enredadera, y las estrellas, al través del follaje, ilumi-
naban la húmeda gruta; ya era de noche;

   yo fui la primera en separarme asustada; tenía miedo hasta del mismo fulgor de las estrellas; en todo veía
un delator;

   él, salió después, tomó el camino y saltó la cerca por
allí;

   cuando aquella noche entré al comedor, enrojecí sin
atreverme a mirar a nadie; al abrazar a mi madre para
irme a dormir, su beso me ardió la frente;

   y, sin embargo, yo no soy culpable; yo no sé lo que
hice; estaba loca;

   y, calló como si el peso de su confesión la anonadara;

   yo, me quedé muda, asombrada, como quien se aso-
ma por primera vez al borde de un abismo;

   guardamos largo rato de silencio; ella con la cabeza
reclinada en mis hombros, y yo absorta contemplando
el valle que empezaba a poblarse de tinieblas;

   aquella historia de amor, la espontánea confesión de
aquella falta, aquel inocente abandono de una virgen,
la descripción de aquella escena en la cual hablaban

todas las voces de la naturaleza, todo eso hacía vibrar mis nervios y mis carnes;

yo no he besado nunca a un hombre; ¿qué se sentirá como un beso?

el aliento de un ser amado, así, tan cerca de uno, la presión de sus brazos, el brillo de sus ojos... ¡oh, debe ser sublime!

me sentía ahogar, las sienes me latían, tenía seca la garganta, estremecimientos como de fiebre recorrían todo mi cuerpo; sentía en mi seno y bajo mis vestidos, como las mordeduras de un animal salvaje; un deseo inmenso de llorar me dominaba; y, sin embargo, no quería separarme de allí, y seguía inmóvil contemplando las estrellas;

cuando Sofía alzó la frente y me halló tan abstraída, creyó que era un reproche mi silencio, y que estaba indignada con ella.

–Perdón, señorita –me dijo entonces, abrazándose a mis rodillas;

no pude hablarle; levanté su cabeza y le dí un beso en la frente;

después regresamos silenciosas;

ella, bajo el peso del recuerdo; yo, bajo el poder de una impresión desconocida.

———

He escrito hasta muy tarde, porque no he podido conciliar el sueño;

la historia de Sofía, me ha causado un daño inmenso; ¿qué ha conmovido? ¿mi virtud o mis pasiones? yo no lo sé, pero estoy enferma; siento un malestar horrible, una espantosa excitación de nervios; la neuralgia me agobia desde ayer, y una tristeza infinita me posee;

he abierto la ventana, el aire de la noche me hace bien;

mis miradas no pueden apartarse de aquel río, en cuyas ondas brillan las estrellas;

y, aquella mancha negra de la orilla...

¡oh, esa es la gruta, la gruta!...

ruido de besos, murmullo de amor, gemidos de pasión, todo debe vagar allí; ¡oh, es un templo! el templo del Amor.

———

Me he dormido sobre un sillón mirando el campo; y he soñado mucho... ¡oh, cuán dulce es soñar así!

mañana he de conocer la gruta;

¡debe ser tan bella!

tiene enredaderas, hay césped, el río corre lamiéndola; las aves cantan allí, y en la noche las estrellas la llenan de un fulgor extraño...

Marzo...

Estos días me he sentido enferma;

tengo una verdadera crisis nerviosa; una melancolía profunda, inconsolable, se ha apoderado de mí; siento una irresistible tendencia a la soledad; deseos inmotivados de llorar; una como suprema desolación de espíritu.

Marzo...

El trabajo asiduo va dominando mis nervios;

he vuelto a pasear como antes;

el aire libre me fortalece y me tranquiliza;

pero, hallo el campo melancólico, obscuro el horizonte, pálidas las flores;

la tristeza que hay en mi alma, se comunica a todo lo que veo.

Marzo...

En fin: soy mujer, la curiosidad ha vencido;

hoy he ido a la gruta;

sí, prolongué intencionalmente mi paseo, y fui hasta ella;

llegué allí temblando;

aparté la enredadera que obstruye la entrada, y cubierta por ella me senté sobre el césped, contemplando el río; ¡qué hermosa soledad! ¡qué silencio!

el viento balanceaba tristemente los sauces de la ribera; una brisa fría, perfumada de tomillos, besaba mi rostro y agitaba el halda de mi traje, sobre el cual habían caído hojas secas y florecillas azules formándole bordados caprichosos;

el río se deslizaba manso, sin ruido y sin oleaje, en un silencio discreto y fugitivo; dos vacas apagaban su sed en la orilla opuesta; y un *cucarachero* cantaba entre las ramas de un pino cercano;

yo leía a Werther;

la inmortal tristeza de aquel libro me atraía;

aquellas páginas de Gœthe, saturadas de amargura; aquella lucha sostenida y heroica; aquella mujer saliendo pura del fondo de ese libro, como una blanca nube del fondo de un océano tempestuoso; la poesía de aquellos sitios, aquel bosque de castaños; la castidad, los sueños, la quimera de aquella narración, sugestionaban mi espíritu torturado, y añadiendo esa tristeza a la tristeza mía, sentía no sé qué rara voluptuosidad del dolor;

la vez postrera que Werther vio a Carlota, después de aquella apasionada lectura de Ossian:

«Él se desvaneció y Carlota le cogió las manos y se las estrechó contra su corazón; después se inclinó a él con ternura y sus encendidas mejillas se tocaron. El universo desapareció para ambos. Werther la tomó entre sus brazos, la apretó contra su corazón y cubrió sus labios temblorosos y balbucientes con furiosos besos.

«–Werther, Werther, decía Carlota con voz desfallecida y volviendo el rostro. Werther, exclamó por fin, de la manera más imponente y noble. No pudo ya sostenerla; la soltó y arrojóse a sus pies como un loco. Carlota se apartó de su lado y turbada, temblando entre el amor y la cólera, le dijo: Esta es la última vez, Werther. ya no nos volveremos a ver. Después, arrojando sobre el desgraciado una mirada de amor, desapareció corriendo».

así decía el libro;

¡ah, dije yo, si todas las mujeres tuviésemos esa fuerza de voluntad!

esta gruta es testigo de lo contrario;

impresionada con aquella lectura apasionada y ardiente, volví a la casa;

la tarde estaba serena, el viento perfumado de trébol y violetas del campo; *Leal*, el perro de Arturo, vino a mí saltando cariñoso; lo acaricié como no lo hago nunca.

Abril...

¡Al fin!...

estas palabras se han escapado de mi pluma sin quererlo; y, como nadie ha de leerlas, ahí las dejo y las repito;

¡al fin! sí, ¡al fin ha llegado!

¡era ya muy larga la ausencia!

¡Arturo está aquí!

desde la ventana del cuarto de estudio, divisé la nube de polvo que envolvía su coche; estuve a punto de gritar;

oculta tras las columnas, pude verlo bien, cuando saltó ligero el carruaje y miró a todos lados como si buscase a alguien;

su padre bajó despúes de él, grave y preocupado.

–Ahí están el señor de la Hoz y Arturo; vayan ustedes a saludarlos –dije a las niñas.

Sofía se puso en pie apresuradamente; Matilde dio un grito, y por primera vez la vi ponerse pálida, y, dejando sus libros sobre el pupitre, salió corriendo del salón.

–¿No viene usted con nosotras? –me dijo Sofía.

–No, más tarde;

desde la ventana de mi cuarto vi a Arturo que, en la cochera, dirigía el desenganche, cosa que no acostumbraba hacer, lanzando miradas furtivas a la ventana de mi aposento, sin que pudiese verme, porque una cortinilla de linón me ocultaba bien;

intencionadamente, me entretuve mucho en vestirme para bajar al salón, y, contra mi costumbre, no adorné mi cabello sino con un jazmín de Arabia;

en el salón todo eran cajas y cajones.

Doña Mercedes, Sofía y Matilde, agrupadas en torno a la mesa de centro, veían los encargos que habían hecho, y los regalos que les habían traído.

Don Crisóstomo, con cara muy agria, descansaba sobre un sofá.

al verme, se levantó emocionado; un rayo de alegría bañó su rostro, y vino hacia mí tendiéndome la mano con efusión.

–Señorita, cuánto placer en verla; ¿es cierto que ha estado usted algo enferma?

–Poca cosa, señor, algo de los nervios; ¿cómo le fue a usted en su viaje?

–Bien y mal; bien porque todos los asuntos que me llevaban, se arreglaron satisfactoriamente; mal, porque ya ve usted, la ausencia de los seres queridos... es muy cruel –y dio a esta última palabra, un acento tierno, fijando en mí sus ojos felinos.

–Sí, señor, la ausencia de la familia es tristísima.

–Y la de los amigos que están con la familia, porque usted forma ya algo de nosotros; por ahí trae Arturo una carta de su mamá para usted, que no quiso darme; yo no tuve tiempo de ver a su señora madre, pero supe que estaba bien.

–Señorita –dijo doña Mercedes al verme–, ya está aquí el hilo de oro para el bordado; vea usted qué fino; ahora sí vamos a acabar pronto el palio, porque se necesita para el *Corpus*.

–Niñas, entreguen a su maestra los regalos que le mandaron traer –dijo don Crisóstomo que se había acercado al grupo.

–Tome usted –dijo Matilde fríamente, alargándome una gran caja de cartón.

–Reciba usted el mío, señorita –dijo Sofía con marcada satisfacción, dándome una caja semejante;

eran dos trajes de rica tela y lujosísimos adornos; el uno azul celeste y el otro color crema desvanecido.

–No sé si le quedarán bien –dijo don Crisóstomo–; las medidas las dio su mamá por los últimos que le habían hecho a usted; y los colores los escogió Arturo, especialmente el color crema, diciendo que a usted le gustaban las rosas de ese color.

–Ahora, guarde usted esto en mi nombre –dijo la señora, extendiéndome una caja con dos sombrillas del color respectivo de los trajes.

–Esto es lo mío –dijo el señor de la Hoz, poniendo en mis manos un libro.

–Muchas gracias –respondí vivamente emocionada;

mientras observábamos todo esto, agrupadas en torno de la mesa de centro, había entrado Arturo; yo daba la espalda a la puerta, pero lo había visto en uno de los espejos del frente;

primero estuvo cerca, entre Matilde y yo; le dirigió la palabra a Sofía como para que yo lo escuchase, pero fingí no oírlo; se pasó luego al frente, al lado de su madre; yo sentía que el fuego de sus ojos me quemaba;

al separarnos de la mesa, se acercó a mí y me dijo con voz poco segura;

–Buenas noches, señorita.

–¿Estaba usted ahí? no lo había visto –le dije y le alargué indolentemente la mano; me la estrechó con ademán nervioso.

–¿Cómo le fue a usted en su viaje?

–Bien, muchas gracias –murmuró con acento de cólera o de tristeza;

la señora dijo entonces:

–Sólo Arturo no trae nada; es muy tacaño.

–No, mamá, es que yo no sé comprar, y traigo siempre unas tonterías que me da pena obsequiar con ellas.

–¿Qué nos trajiste? –le preguntó Sofía, echándole el brazo al cuello.

Arturo fue a su cuarto, y volviendo con tres cajas de cartón no muy grandes, y exactamente iguales, puso en mis manos una de ellas diciéndome:

–Esta es suya, señorita; yo soy muy torpe para comprar;

y, viendo que me disponía a abrirla, me dijo apresuradamente:

–Hágame el favor de no abrirla aquí, porque me da pena;

entregó luego otras dos, una a Sofía, y otra a Matilde.

–¡Dulces! –dijo la primera con infantil alegría–, ¿quiere usted, señorita?

–Gracias.

Matilde puso displicentemente la suya sobre una mesa, y miró la que yo tenía en la mano, con aire de despecho y de rencor;

hice subir a mi cuarto las cajas, y fui a él para acomodarlas;

abrí la de Arturo la primera; no había dulces; habían sido extraídos cuidadosamente, y en su lugar muy bien colocado un pequeño ramo, de forma piramidal, formado exclusivamente de botones de rosa, amarillos unos, otros más pálidos, otros blancos y coronándolos todos, uno de un rojo soberbio; el ramo todo, lo envolvía como en una gasa flotante un tenue follaje de ilusión; estaba atado con una cinta blanca, y en el fondo había una tarjeta con su nombre: *Arturo de la Hoz;*

me conmovió tanta finura;

¿había sido acaso demasiado cruel con él?

no; ese era mi deber;

desde la funesta confidencia de doña Mercedes, estaba dispuesta a no alentar más sus pretensiones, y arrancar de mi alma el germen de aquel amor; ya había comprendido la razón del odio de Matilde, y me hallaba pronta a no ser un obstáculo a su felicidad;

tal era mi intención formal;

resuelta a cumplirla, salí al campo por otra puerta, entre la cochera y las cuadras; y sin buscar el banco de costumbre, remonté la orilla del arroyo, volví por la última fila de eucaliptus, y fui a sentarme al extremo, en un tronco añoso de sauz que estaba al pie de una cerca de piedra;

allí me protegían de las miradas, los árboles y la distancia;

ensayé leer, pero fue en vano; ¿en qué pensaba?

huía y deseaba verlo, me escondía y deseaba ser encontrada; era imposible que diera conmigo; nadie me había visto salir; se sentaría a esperarme en el banco acostumbrado, me buscaría con su hermana y Matilde, y viendo que no me hallaba, creería que no había salido y volvería a la casa; sin embargo, al leve ruido de una hoja que arrastrara el viento, me estremecía; los minutos me parecían siglos, creía que hacía ya tres horas que estaba allí;

pocos momentos después, lo alcancé a ver que subía con *Leal* la pendiente del arroyo, mirando a todos lados; me quité el sombrero, y me recosté contra el árbol cercano; allí oculta pude observarlo a mis anchas;

estaba admirable, con su traje de paño color de café, abrochado hasta el cuello, botas de charol hasta abajo de la rodilla, y cachucha de Jockey; observó con detención, y no hallando lo que buscaba, volvió a bajar; lo vi perderse tras los primeros árboles del jardín, y tuve ímpetus de llamarlo;

el valle iba poco a poco envolviéndose en vagas tinieblas, y desaparecían las lontananzas como invadidas por oleajes de sombras; los árboles se destacaban en el horizonte como engrandecidos y envueltos en una niebla misteriosa;

a la huida paulatina de la tarde, el agua del soto, sin reflejos y sin luces, parecía dormirse a la sombra de los árboles corpulentos que besaba; un ambiente húmedo y frío flotaba en el espacio; en el cielo, el día empalidecía; en las ramas cesaban los gorjeos, y sólo bajo las muertas hojas caídas de los árboles había entre los insectos estremecimientos de alas;

la noche llegaba, y él no;

una inquietud vaga de tristeza y de disgusto, se apoderó de mí, e instintivamente me acordé de los versos de Yepes:

Tardas amada mía...
tardas y muere el día...

ya me disponía a abandonar aquel sitio en el cual me había escondido demasiado bien, cuando sentí ruido al lado opuesto del vallado, y al favor de la escasa luz que aún quedaba en el horizonte, vi prolongarse inmensamente en el suelo la figura de alguno que estuviese en pie sobre el cercado; al volver los ojos hallé a Arturo, cerca de mí, contemplándome.

–¡Qué susto me ha dado usted, señorita! Creía que le habría sucedido algo.

–¿Por qué?

–Como no la vi a usted en los lugares acostumbrados...

–Deseaba estar sola, y vine aquí.

–¡Ah! ¿soy importuno? perdone usted.

–No, no he querido decirle eso.

–Es que yo tengo la desgracia de errar cuando más deseo agradar; y casualmente quería presentar a usted, mis excusas por uno de esos yerros.

–No sé cuál.

–El del ramo.

–¡Oh, no, estaba bellísimo!

–Tal vez... pero después he comprendido que hice mal en dárselo.

–No entiendo...

–Como ignoraba la facilidad con que usted olvida o cambia sus aficiones, creí que aún le gustaban las rosas blancas, y me permití obsequiárselas; después he visto que usted ama ya otras flores.

–¿Cuáles?

–Los jazmines.

–Está usted equivocado, yo no olvido fácilmente; pero no tenía botones de rosa en mi cuarto; los que tengo están marchitos.

–¿De manera que usted no es voluble?

–No me creo tal.

–Sin embargo, gusta usted de cambiar hasta de sitios en sus paseos.

–He comprendido que ciertos puestos están mejor para otras personas; son muy poéticos: aparentes como para diálogos de enamorados.

–Y, ¿a quiénes ha querido usted dejárselos?

–No sé que haya aquí sino una sola pareja de novios –dije, haciendo esfuerzos para traer a mis labios una sonrisa burlona;

me miró con asombro; después calló un momento.

–¿De manera, señorita, que usted cree...? –me preguntó luego.

–No, señor, es que lo sé; su mamá ha sido bastante amable para hacerme esa confidencia, yo debía haberlo comprendido antes, en los ojos de su prima, ya que usted lo sabía ocultar tan bien.

–Yo no oculto nada –me replicó con tono un poco brusco.

–Muy bien finge usted.

–Usted es muy cruel conmigo; a mi edad, no se sabe ni se puede fingir; usted tiene bastante talento para comprender lo que pasa en mi alma, y, sin embargo, aparenta ignorarlo; usted sí sabe fingir.

–Muchas gracias, pero a su edad, no se tiene ni un sentimiento fuerte, ni una pasión profunda, ni una voluntad libre.

–¿Me cree usted muy niño? ¡oh! no es mucha la diferencia entre los dos...

–Un año.

–¡Bah! ¿y eso qué es?

deseando variar de conversación, le dije:

–Matilde ha estado muy triste estos días; visiblemente disgustado, me respondió:

–Hágame usted el favor de no hablarme de ella.

–¿Por qué? ¿no la ama usted mucho?

–No, absolutamente no; ése es un plan ambicioso de mi padre; y no le daré gusto en ello; yo no me dejo sacrificar, como quieren hacerlo con Sofía.

–¿Y si sus padres insisten?

–No lograrán nada; no tengo necesidad de vender mi felicidad por dinero; suponiendo que mi padre no quisiera darme nada, no lo necesito; yo soy rico sin él; mi padrino, que lo era el Padre Galindo, de Santo Domingo, me dejó al morir como su heredero universal, una gran fortuna; mi padre no me sacrificará, eso sí que no;

y al hablar así, brilló en sus ojos un resplandor siniestro.

–Pero, Matilde lo ama a usted.

–Yo no lo sé, ni quiero saberlo; lo único que me consta, es que yo no la amo.

–Pero usted no debe desobedecer a sus padres, ni hacer sufrir a esa niña.

–Y me lo dice usted, señorita... no creía nunca serle tan indiferente; pues bien, es necesario que usted lo sepa: yo no podré amar nunca a Matilde.

–¿Por qué?

–¿Y, me lo pregunta usted? ¿cree usted que quien viva al lado suyo, puede amar a otra persona? ¿no ha comprendido usted cuánto la amo?

–¡Arturo por Dios!...

–¿Me rechaza usted? –dijo con una emoción infinita, poniéndose casi de rodillas a mis pies;

no tuve fuerzas para rechazarlo, ni acertaba a contestarle nada.

–Déjeme usted amarla –me decía con una voz de verdadera súplica;

yo temblaba toda, y un llanto involuntario se agolpó a mis ojos;

¡ay, entonces comprendí que lo amaba! así, de rodillas, ante mí, contemplando mi rostro, iluminado ya por los primeros rayos de la luna que filtraban al través de la arboleda, y viendo mi llanto exclamó:

–¿Me ama usted? ¿me ama usted?

la emoción me impedía responderle, pero estreché en silencio su mano;

a esta presión extraña, la tristeza que vagaba en sus grandes ojos grises, como una bruma de invierno, desapareció por completo, y asomaron a ellos las vaguedades del delirio, las languideces del vértigo, el ardiente fulgor de la pasión.

... ...
... ...

Era de noche cuando volvimos a la casa, y el cielo tachonado de estrellas, sonreía sobre nuestras cabezas;

la tarde había muerto en una dulzura profunda.

———

He leído a solas la carta de mi madre, tierna y sencilla como ella. «Yo no me atrevo a aconsejarte –dice–; tú tienes más talento que yo y sabrás conducirte».

Es verdad; hay que poner en guardia la cabeza contra los arrebatos del corazón; ¿es eso fácil a la mujer?

nuestro temperamento impresionable y nervioso, ¿piensa o siente más?

no me he podido resignar a recogerme sin mirar por última vez el banco del jardín donde él se sienta;

la luna se ha eclipsado; negras nubes se van agrupando como furiosas en el horizonte;

azotando los vidrios ruge el viento; los árboles se inclinan sobre Arturo, que de pie, en medio de la sombra, parece la estatua de un Adonis envuelta en el silencio y la quietud de un viejo parque.

Abril...

¡Qué calma tan feliz la de estos días!

lo que para otros fuera monótono, tiene para mí el encanto de un ensueño;

¡oh mi amor! no me atrevo a escribir mi sentimiento por temor a profanarlo; ¡silencio, corazón mío!;

aquí viene a mi memoria el verso de Petrarca:

Chi puó dir com' egli arde, é in picciol fuoco.
(Ama poco, quien puede decir cuánto ama).

y, es muy grande mi amor para expresarlo;

¡silencio, corazón!...

Mayo...

Hoy ha sido un día penoso para mí; he llorado amargamente;

¡qué horrible es la herida de una humillación!; yo no alcanzo a comprender por qué el trabajo honrado mancilla;

¿es el trabajo, o la clase de trabajo, lo que se critica? ¿por qué es desgradante planchar, y no lo es bordar o coser?

¿la holgazanería es una virtud?

¿por qué vale más el vicio que se oculta bajo un manto de oro, que la virtud que se muestra bajo el manto de la pobreza?

¿acaso vale más el insecto asqueroso, puesto en una lámina de nácar, que la mariposa posada en la hoja de un arbusto?

75

¿acaso el pus recogido en áurea copa, es más puro que el agua de la fuente bebida en el hueco de la mano? ¿por qué esta sociedad de pobres enriquecidos, finge tanto desprecio a la pobreza?

¡cuán cierto es, que no hay nada más canallesco, que la canalla dorada!

lo que me ha pasado hoy, lo prueba claramente;

habiéndome visto en la precisión de reprender a Matilde por su desaplicación, se levantó queriendo abandonar el salón;

la insté a que se sentara, y persistió en salir; entonces me adelanté para detenerla;

volvió a mí su faz amoratada por la soberbia, y me dijo:

–Usted no puede reprenderme, porque usted no es igual a mí; yo soy una señorita, y usted una planchadora miserable.

–¿Cómo?

–Sí, una cualquiera.

–¡Insolente! –le grité, tratando de avanzar a ella; quien adelantándose a mí furiosa, con los ojos inflamados de cólera, me arrojó al rostro, contra el nombre de mi madre, una palabra que no puedo estampar aquí;

me tapé los oídos como si quisiese no haberla oído, y trémula de cólera y de dolor caí sobre un sillón.

Sofía, a quien la indignación puso pálida, interpuesta entre las dos, arrojó su severa y noble mirada sobre ella, y le habló con una violenta emoción algo que no logré oír.

Matilde salió del salón;

entonces Sofía vino a mí, abrazándome y llorando.

–Perdónela usted, señorita, es una loca; no le haga usted caso;

la indignación me ahogaba, y subí a mi habitación; allí pude dar libre curso al llanto, y esto me alivió; ¡ah! ¡pobre madre mía! ¿conque por no haber sido una de estas adúlteras recamadas de oro, que esconden su deshonra tras la insolencia de su orgullo, o una de estas jóvenes que llevan al hogar una dote de brillantes y vergüenzas, se te culpa y se me desprecia? ¿tu austera simplicidad, es un crimen? ¡se duda hasta de tu virtud porque eres pobre!

¿no haber pasado tu vida en la haraganería, la murmuración y los vicios dorados, sino inclinada sobre una mesa de trabajo, consagrada al culto de un muerto, y al cuidado de una hija, sin la más leve sombra de una falta, ese es el crimen de que se te acusa y que hoy cae sobre tu hija?

esta plebe enaltecida, no perdona a la plebe a la que todavía no ha besado la fortuna;

tres generaciones atrás, ¿qué eran ellos? nada; tres generaciones adelante; ¿qué seremos nosotros? todo;

la señora, vino tratando de mostrarse indignada con Matilde, y echando pestes contra su mal carácter.

–Es muy atolondrada, y además cree todo lo que se le pone en la cabeza... no reflexiona nada;

el señor de la Hoz, vino a verme al mismo tiempo que la señora, y se mostró verdaderamente disgustado; su indignación era sincera; habló de recluir a Matilde en un colegio interna, y dijo que escribiría pidiendo informe al de la «Enseñanza».

Sofía, estuvo a mi lado toda la tarde, llenándome de atenciones y queriendo hacerme olvidar el proceder brutal de su prima;

manifesté a la señora, el deseo de retirarme al expirar el semestre, y me exigió que no le diera más valor del preciso, a la conducta de una muchacha malcriada;

el señor de la Hoz, se inmutó al oír mi resolución, y me suplicó que no los abandonase.

Matilde, obligada por todos, ha venido a darme una satisfacción fría y displicente;

no bajé a comer ni salí al jardín; me siento avergonzada de la humillación que he sufrido;

la noche me sorprendió como en una especie de estupor, y cuando levanté la cabeza, los trémulos rayos de la luna, penetrando a través de los cristales, formaban dibujos caprichosos al proyectar sobre la alfombra la sombra de los árboles y la forma de las nubes;

sin duda mi sopor había durado mucho, y me quedé asombrada al ver en el reloj que eran las once;

me acerqué a la ventana, deseosa de contemplar el espectáculo de la noche;

a la sombra del sauz, cerca al banco en que siempre nos sentábamos, estaba él;

inmóvil, cruzados los brazos, meditaba envuelto en la sombra;

cuando, por el movimiento que los agitaba, los árboles dejaban penetrar un rayo de luna hasta Arturo, yo podía ver su rostro pálido y sus ojos grises, en los cuales se reflejaba la luz como en una lámina de acero: absorto miraba a mi ventana;

largo tiempo lo contemplé con avidez, como se aspira el perfume de una flor querida, como se escucha el eco de una voz amada, como se absorbe uno en la contemplación de un astro;

me sumí así en un éxtasis voluptuoso viéndolo desde la sombra sin ser vista;

cuando él hubo desaparecido, cerré los ojos, como para conservarlo impreso en ellos, en un furioso deseo de posesión; y dominada más que nunca por el deslumbramiento de su belleza, aumentada por mi amor, me recogí;

la exaltación nerviosa que me poseía, pobló mis sueños de visiones y quimeras;

me sentí arrebatada por el aire, en brazos de él, llevados muy lejos por los vientos de la noche; y como en los sueños de Isaías, el espacio se poblaba de músicas aéreas a nuestro paso;

las estrellas mismas palidecían ante la irradiación de sus pupilas, que me inundaban de luz; y yo me dejaba llevar así, contemplándolo en un arrobo de beatitud suprema;

poco a poco sus brazos tomaban la contextura de la carne; sentía su impresión en mi cuerpo; su aliento se hacía tibio; las líneas de su rostro se marcaban bien y descendíamos lánguidamente hacia la tierra;

un lecho de musgo, olor de jazmines en flor, murmullo de olas a nuestros pies, coronas de verdura sobre nuestras cabezas...

el brillo de sus pupilas me quemaba, mis labios se juntaban a los suyos, y afuera se escuchaba un inmenso rumor de epitalamio;

¡la gruta! ¡la gruta!...exclamé despertando;

el cuadro de la felicidad, se había disipado de mis ojos;

pasé el resto de la noche agitada;

la obsesión de las visiones amorosas, pugnaba por romper la vaga castidad de mis ensueños.

Abril...

Había llovido en la tarde y era imposible salir al campo;

la sombra iba invadiendo lentamente el salón, espesándose hacia los ángulos de él, y dándole un tinte negro a los objetos; la poca luz agonizante y pálida que aún

79

se desprendía del cielo plomizo, semejante a un enfermo que se rebela a morir, arrastraba sobre la alfombra su último rayo moribundo como pesarosa de ir a expirar tan pronto;

a través de las persianas, penetraba el olor enervante de las plantas humedecidas por la lluvia; reinaba en torno de nosotros el silencio de la tristeza: la inmensa nostalgia de la luz; sentada en una silla veía la muerte de aquel día lluvioso, y mi espíritu vagaba por sitios queridos llenos de luz y de perfumes...

no reparé cuando salió doña Mercedes;

me despertó de aquel sueño, la voz de don Crisóstomo.

–Está usted muy pensativa, señorita;

alcé los ojos asombrada, y le vi muy cerca a mí, mirándome con esa extraña expresión que me asusta.

–Sí, señor, pensaba en mi madre.

–¿Desea usted ir a verla?

–Es mi resolución hacerlo a fines de julio.

–¡Ah! si usted se va, quizás no volverá aquí; la vida de esta casa, no tiene encantos para usted.

–Se engaña usted, me hallo aquí muy bien, y estoy muy agradecida a todos ustedes.

–Esa es una galantería; yo comprendo que usted se asfixia aquí; su hermosura y su talento piden otro teatro; usted nació para ser amada y admirada; nuestro amor y nuestra admiración, no pueden bastarle...

–Gracias –murmuré levemente, temiendo avanzar en aquella conversación.

–¡Oh! sí, usted es muy bella para agostarse aquí, en la soledad –dijo, y clavó en mí sus pequeños ojos–; ¿qué puede importarle nuestra admiración? ¿qué puede importarle que haya quien tenga por usted una pasión ardorosa y muda; que haya quien la ame?... sí, ¿no ha comprendido usted que hay aquí, alguien que la ama con delirio?

–¡Caballero! –exclamé, queriendo imponerle silencio; y asustada ante el brillo siniestro de sus ojos.

–Sí, usted tiene que haber comprendido que yo la amo; esta pasión será mi muerte; ámeme usted, déjeme usted que la adore;

su voz era suave y temblorosa: una verdadera súplica; oleadas de sangre me subían al rostro, y agitada por la sorpresa le dije:

–¿Está usted loco?

–¡Ah! todavía no, pero lo estaré si usted no se apiada de mí; antes necesito decirle a usted todo; ámeme usted y partiremos de aquí; yo soy aún bastante rico, para cubrir a usted de brillantes y de oro; yo la haré a usted la mujer más feliz del mundo;

todo el respeto que pudieran haberme inspirado las canas de aquel anciano, pronto a arrojarse a mis pies; todo el temor que sentía antes, desaparecieron ante la indignación que se apoderó de mí.

–Es usted un atrevido; se ha equivocado usted –le dije poniéndome en pie.

–No se vaya usted; perdóneme; no sé lo que le he dicho –exclamó, tomando por sorpresa una de mis manos; la arranqué violentamente de entre las suyas, y quise alejarme;

andando de rodillas, se avalanzó hacia mí diciendo con temblorosa voz:

–Oígame usted; perdóneme;

de súbito, con la agilidad de un gato montés, arrastrándose por la alfombra, dio un salto hacia mí, y me abrazó por las rodillas; vacilé y caí sobre el sofá;

un golpe inmenso, que rompió uno de los cristales de la ventana, se escuchó entonces; él volvió a mirar;

torné a levantarme prontamente aprovechándome de su sorpresa, y me dirigí a la puerta; tendió la mano a la extremidad de mi traje.

–Suélteme usted o grito –exclamé llena de coraje; y asiendo con fuerza a la falda de mi vestido, gané la puerta;

cuando llegué bajo el umbral, volví a mirar; don Crisóstomo se había puesto en pie, y aun tendía sus manos hacia mí, intentando caminar en medio de la sombra;

después lo sentí caer en un sillón; su figura desapareció en la penumbra; me pareció escuchar que sollozaba;

al salir al corredor respiré; una brisa helada, pero salvadora, me besó en la frente;

la luna empezaba a desgarrar su velo de nubes negras; los árboles se erguían como fantasmas, y se agitaban como abanicos movidos por manos invisibles;

flotaban en la atmósfera perfumes acres de aquella tarde invernal;

en los nidos, se habían extinguido los arrullos;

la luz había muerto en el recogimiento de la naturaleza, y en brazos de la calma profunda de la noche;

una sombra se dibujaba en el ángulo del corredor; era Arturo;

lo había oído todo;

al pasar cerca de mí, su mano ensangrentada me indicó que era él, quien había roto el cristal de la ventana para salvarme.

–¡Gracias! –le dije, tomando aquella mano herida y poniéndola sobre mi corazón.

–¡Ah! si ese hombre hubiera osado...

–¿Qué?

—¡Lo habría muerto!

—¡Arturo!...

me pareció que sus pupilas tenían un fuego sombrío como las de un tigre en un juncal; la tempestad volvía;

no quise ir al comedor, y me he retirado a meditar sobre la horrible escena;

¿qué debo hacer?

irme ¡oh! sí, irme inmediatamente;

tal es mi resolución;

mañana empezaré a ponerla en práctica;

¡valor corazón mío!

Junio...

¡He pasado una noche horrible!

¡oh, si mi madre hubiera estado aquí, cómo hubiera yo llorado sobre su seno, y descargado los pesares de mi corazón en el suyo!

de rodillas ante la *Dolorosa*, que a la cabecera de mi cama vela mi sueño desde niña, oré hasta muy tarde; con el alma le pedí fortaleza para la lucha, y resignación en el sufrimiento;

la noche estaba obscura como mi destino, y el viento y la lluvia azotaban la ventana de mi alcoba, aumentando con su silbido el horror de mi imaginación, exaltada por los nervios;

¡al fin amaneció!

Junio...

¡Oh Dios mío! ¡hoy he sentido por primera vez el más hondo dolor!

hoy he sabido lo que son los celos; ¡qué espantosa tempestad se alza en el alma!

sí; lo he comprendido acaso tarde; ¡lo amo mucho!

tengo presentimiento de que este amor, que es el primero de mi vida, me ha de ser funesto, y, sin embargo, no puedo arrancarlo de mi alma: ha echado ya en ella raíces muy profundas...

¿qué me llevó a aquel lugar? yo no lo sé;

agobiada por mis tristezas, preocupada aún con la escena de la noche anterior, me excusé de dar clases, y deseando entregarme a mis reflexiones, salí de la casa por la puerta que da a las pesebreras, y en vez de tomar hacia los sitios acostumbrados, bajé en la dirección de la quebrada, en donde ésta, formando una curva que oculta la corriente a las miradas de la casa, hay un bosque de sauces, bajo los cuales están los lavaderos de la hacienda; allí me senté intentando en vano leer; mi pensamiento iba a otra parte;

tristes ideas me poseían; muy pronto iba a abandonar aquella casa, en la que dejaba el corazón; mi deber era huir de esos dos peligros que amenazaban mi felicidad y mi honra;

esa tarde debía decir a la señora mi resolución irrevocable de irme a fines de julio para Bogotá; pero a él, ¿cómo decírselo? si hubiera sido un hombre, hecho a las arduas luchas de la vida, su experiencia podría prestarle algún consuelo; pero aquella alma juvenil, que yo acababa de despertar al amor, sentiría más profundamente el vacío que se hacía en torno suyo;

sin embargo, era preciso hacérselo saber y ausentarme; volver a dejar en aquella casa la paz y la quietud que yo había arrebatado a dos almas; volver a la señora y a Matilde, los dos seres que amaban;

en cuanto al viejo, estaba bien, me inspiraba inmenso desprecio; pero Arturo, ¡oh no! que fuera de otra, que mirara a otra con amor, ¡¡imposible!! a esta sola idea se

revelaba toda mi pasión, y por primera vez sentía odio a una mujer;

ya Matilde no me inspiraba la indignación de la maestra ultrajada, sino el odio profundo de los celos; me sentía capaz de luchar contra ella, y lucharía; aquel corazón era mi vida, y yo tenía derecho a disputarlo;

más abajo del lugar en que yo me hallaba, hay un pequeño puente que da paso a los potreros por aquel lado;

muy cerca de él, y al lado opuesto, hay un prado pequeño rodeado por espesos morales y madreselvas, y protegido por altos eucaliptos;

no sé cuánto tiempo haría que estaba absorta en mis meditaciones, cuando al alzar la vista y fijarla en el prado que se divisaba perfectamente por entre los árboles que me ocultaban, vi a Matilde que, apartando las zarzas, llegaba a aquel sitio por el lado de la casa;

el corazón me latió con violencia, cual si me anunciase algún peligro;

una vez en el prado, Matilde se sentó, como si estuviese fatigada, y clavó con inmensa ansiedad los ojos en el camino que más allá del puente se extendía;

creí adivinarlo todo; Arturo no había ido a la mesa a la hora del almuerzo, porque se hallaba en los potreros, en trabajos de campo; sin duda debía regresar por allí, y Matilde salía a su encuentro;

¿se habrían dado cita? esta sola idea torturaba mi alma.

Matilde, inquieta, nerviosa, se ponía en pie a cada momento, y asomando la cabeza por entre el tupido matorral, exploraba con ansiedad infinita el horizonte;

yo permanecía allí inmóvil, asombrada, como si estuviese a la orilla de un abismo, cual si fuese a escuchar mi sentencia de muerte;

¿sería yo víctima de una traición? ¿iría a presenciar mi propio desengaño?

temblando, agazapada entre las ramas, protegida por el tronco de un sauz, espiaba, conteniendo la respiración como si me fuesen a oír;

¿cuánto duré así? yo no lo sé;

de súbito, vi a Arturo, quien seguido de su perro, atravesaba el puente muy distraído.

Matilde, que se había puesto de nuevo en pie, asomó la cabeza y lo llamó;

se cruzaron algunas palabras, del camino al potrero; después, él saltó la cerca y bajó al prado; mirando inquieto a todos lados, se acercó a Matilde;

yo no podía oír lo que hablaban; el ruido del agua, y el viento que iba en dirección contraria, me lo impedían;

permanecieron en pie unos instantes, durante los cuales él parecía oír indiferente lo que su prima le decía;

reproches parecía hacerle ella, y una falta de atención rayana en descortesía, demostraba él; su rostro era impasible y revelaba el hastío;

no; así no era él cuando estaba junto a mí; aquella no era la mirada de un ser enamorado; ¡oh, no! ¿pero entonces, por qué no se iba?

al fin ella, en ademán suplicante, le tomó una mano y ambos se sentaron en el suelo; miraban a todos lados, como temerosos de ser vistos, y la inquietud de Arturo era visible; escuchaba mudo, o contestaba por monosílabos lo que su prima le decía, mirando fijamente el arroyo que corría a sus pies;

ella le hablaba con vehemencia, y se acercaba a él, rozándolo con sus pechos y su rostro;

¡ay de mí si la mira! dije, viendo la posición de Matilde;

el rostro rojo, lleno de pasión, brillantes las pupilas, como ardiendo en deseos y húmedas de llanto, suelto el cabello protuberante y palpitando el seno, estaba provocadora;

apoyada en un brazo, medio recostada de lado, recogido el traje, en descubierto gran parte de sus piernas admirables, salientes las caderas, ceñidos los muslos, se mostraba tentadora; repleta estaba de voluptuosidad precoz;

él la miró; la halló sin duda bella a su apetito de hombre, porque su rostro se fue animando gradualmente, dulcificó su expresión, se aproximó más y le habló cariñosamente;

por momentos, la envolvía en una mirada extraña de los pies a la cabeza;

temblé de miedo;

así no me había mirado nunca a mí;

aquella era una mirada irrespetuosa, por decir lo menos.

Matilde le hablaba con pasión, cerca, tan cerca que casi le tocaba el rostro; su expresión, no era la expresión habitual de su soberbia, era dulce y triste, de una tristeza apasionada; parecía reconvenirlo, hablarle de sus dolores, porque en uno de sus arrebatos prorrumpió a llorar y ocultó su cabeza en el pecho de Arturo;

éste, la contempló con cariño, le levantó el rostro y la miró dulcemente...

no había duda; la iba a besar;

entonces ahogué un grito; me tapé los oídos, y, como una tigre, me arrastré por la maleza hasta llegar más cerca de ellos; nada oyeron.

Matilde reclinaba la cabeza en el brazo derecho de Arturo, y éste se inclinaba sobre ella, casi hasta mirarse en sus ojos;

una furia salvaje, un odio inmenso se apoderaron de mí; anhelos infinitos de saltar sobre ellos y despedazarlos; ¡oh, cómo me explico el crimen pasional! los celos son una insania;

no sé si hice algún ruido, pero ambos volvieron a mirar azorados;

Arturo quiso ponerse de pie; entonces ella, tomándole la cabeza con las manos, se prendió de sus labios, loca de pasión, con un verdadero frenesí; él, la asió por el talle y la estrechó fuertemente;

no pude resistir más; furiosa me levanté, aparté el ramaje, y aparecí frente a ellos, como tratando casualmente de atravesar por allí.

Matilde dio un grito, y se cubrió el rostro con las manos; Arturo se levantó rápidamente; lívido, tembloroso, se apoyó contra un árbol, como si fuera a desmayarse y se descubrió para saludarme.

–Vamos a la casa, que se le ha buscado a usted mucho –dije a Matilde, tratando de explicar con esta disculpa mi presencia allí;

ella, confusa y avergonzada, en ademán de súplica, vino a mí diciéndome:

–¡Señorita, señorita, no diga usted nada! no vaya usted a contar...

–¿Qué teme usted? ¿no se aman ustedes con permiso de sus padres? lo que sí no está bien, son estas entrevistas fuera de la casa; amándose ustedes tanto, bien pueden conversar en su casa misma; y, en cuanto a usted –dije, dirigiéndome a Arturo–, es mucha indelicadeza, dar citas a esta niña fuera de la casa, comprometiendo así el honor de su familia;

no acertó a responderme nada, pero sus ojos revelaban una angustia infinita.

–No cuente usted nada, señorita –repitió Matilde–, y le prometo no volver a faltar a usted en la clase, y ser muy respetuosa.

–No tendrá usted mucho tiempo de hacerlo.

–¿Por qué?

–Porque yo me voy.

–¿Y no vuelve usted?

–No.

Matilde balbució una frase de sentimiento, que el miedo le dictaba; Arturo, más pálido aún, me miró con desolación inmensa, como implorando piedad;

me separe de allí sin mirarlo, y acompañada de Matilde regresé a la casa;

cuando estuve en mi habitación, me entregué solitaria a mi dolor;

con la cabeza hundida en las almohadas, sollocé amargamente;

en mi desesperación profunda, tomé mi resolución irrevocable: abandonar aquella casa;

así, cuando la señora, alarmada por mi ausencia, vino en la tarde a verme, le notifiqué mi resolución.

–¿Ha tenido usted algún nuevo disgusto?

–No, señora; pero, ya lo ve usted, estoy muy enferma...

–Pero siempre tendrá usted que esperarse a que hallemos una nueva institutriz.

–Sí, siempre que eso no se prolongue más de ocho días.

–¡Tan aburrida así está usted!

–No, señora, es que me siento muy mal; mi salud empeora diariamente, y deseo estar al lado de mi madre.

–Piénselo más, y, entretanto le diremos a Crisóstomo su resolución.

–Muy bien;

no bajé al comedor, y caí en un estado de somnolencia, de sueño letárgico;

el rayo de la luna al ocultarse, y el frío de la madru-
gada me despertaron;

eran las tres de la mañana; me levanté para bajar la
cortina de la ventana; al ver hacia afuera, me quedé
asombrada; Arturo estaba allí, sentado en el banco, la
cabeza apoyada en las manos, parecía meditar.

–Tal vez duerme –dije para mí; pero pocos momentos después, alzó los ojos a mi ventana y permaneció así
largo rato;

no me resolví a acostarme, y espiándolo estuve tras
los cristales;

ora se ponía en pie, ora se paseaba, ora permanecía
absorto, como dominado por sus propios pensamientos;

la aurora nos sorprendió así;

cuando comenzó a hacerse de día, dio una última
mirada a mi habitación y entró a la casa por la puerta
del jardín;

yo volví a recogerme, no a dormir, sino a pensar en él;

¡oh, lo amo mucho, mucho!

al sentirme celosa he comprendido la inmensidad de
mi cariño; yo no podría tolerar que fuera de otra; su
amor es mi vida; y, vengo a comprenderlo ahora...

he sido una loca en dejarme arrebatar por esta pasión.

¡Dios mío! ¡Dios mío! ¡tened compasión de mí!

... ...

Aquí termina el *Memorandum* de Luisa;
los acontecimientos, no le permitieron escribir más.

*
* *

Como una corza blanca que abandona con la primera luz del alba, el lecho tibio de hierbas y de musgo en que dormía, Luisa arrojó a sus pies los cobertores, y ligera saltó del lecho suyo;

en pie, sobre la alfombra, dejó caer la túnica importuna, que rodó a sus plantas cubriéndolas por completo; y, así parecía como emergiendo de la espuma inmaculada, del níveo hielo polar; cual si apoyase sus plantas en una concha marina; y semejaba a Febea, erguida sobre el vellón de una nube, marcando al carro lunar, rumbo hacia el Latmos lejano;

y, quedó allí desnuda, casta, imponente;

la estancia toda parecía fulgente, al resplandor radioso de su cuerpo;

¡deidad terrible, la mujer desnuda! terrible, porque así es omnipotente.

Luisa, en su casta desnudez de diosa, sola en ese templo sin creyentes, sobre el ara misma de su altar, se entregó a una inocente contemplación de su belleza, en tanto que en la atmósfera calmada, tibia con los perfumes de su cuerpo, se sentía algo como las vibraciones del gran himno triunfal de su hermosura, del poema armonioso de sus carnes;

como un anciano lascivo, el sol, en ondas luminosas, cubrió de besos su adorable cuerpo, y de la cabeza a los pies, lo envolvió en una larga y apasionada caricia lujuriante;

se estremeció al contacto de aquel ósculo, sintiendo
sobre su seno y sus riñones, una extraña sensación; algo
como la mordedura de un áspid;

con una voluptuosidad de gata joven, se desperezó
indolente, echando hacia atrás su negra cabellera, que
rodó por sus espaldas como un manto sedeño y azuloso.

Venus surgiendo de las espumas del mar, no fue más
bella que aquella casta virgen, surgiendo así de las níveas blancuras de su lecho, donde aún quedaban impre-
sas, tibias todavía, las huellas de su cuerpo perfumado;

arrojando a un lado y a otro la mirada acariciadora
de sus grandes ojos, aún somnolientos, avanzó unos pasos y se halló frente al espejo, que parecía temblar ante
el encanto de aquella belleza desnuda; se contempló
extasiada;

la Eva de la leyenda mosaica, antes de pecar, debió
contemplarse así, descuidada y espléndida, en las ondas
del primer arroyo que corrió a sus plantas;

y, estaba hermosa en su inocente abandono, en el
esplendor magnífico de su desnudez paradisiaca;

las líneas de su cuerpo se destacaban netas y fuertes, como en un mármol de Pradier, y los contrastes de
la sombra y de la luz, formaban en ese cuerpo admirable, extraños senos misteriosos y púdicos, donde la luz
apenas se atrevía a llegar como un respeto religioso;

sus pechos pequeños, erectos, duros, con tenues venas azules, terminando en un botón cinabrio vivo, color de sangre joven; por su perfección podrían, como los
de Helena, haber servido de modelo para las copas del
altar;

de su cuello, largo y redondo como la columnata de
un sagrario, asida a una cinta negra, pendía una cruz
de acero, húmeda todavía por los besos con que la ha-

bía cubierto en aquella noche de angustia: y, al verla,
pensaba uno, en la virgen descrita por Musset:

> *...suelta su larga cabellera*
> *que cubre sus encantos por completo,*
> *y en la cruz del collar puesta la mano*
> *como indicando que acabó sus rezos,*
> *y que lo mismo rezará mañana*
> *cuando huya de sus párpados el sueño.*

fuerte y grande, como una Eva de Lucas de Leyder,
las caderas amplias y curvas, hechas para la maternidad
robusta y feliz; vaso de amor;

sus piernas duras, torneadas, poco mórbidas, piernas
de Diana cazadora, fuertes y rectas, como las de un Her-
mes, rematando en pies diminutos de talones rojos como
claveles del valle, y dedos que semejaban botones de
rosa aún sin abrir;

una como suprema claridad rosada se escapaba de
su cuerpo flébil y tibio, y prestaba como gasas misteriosas de luz vesperal a sus carnes magníficas, desnudas;

frente al espejo se contemplaba serena;

aquella auto-adoración, era inocente;

se veía bella y se admiraba; tenía el casto impudor
de la infancia;

era descuidada, porque era pura;

y, sin embargo, en aquella hermosura se sentía atrac-
ción de abismo;

serenidad de oceáno en la pupila; serenidad de la ola
glauca, que mañana traerá la tempestad;

la tormenta dormía en aquella carne calmada;

tenía en sus movimientos indolentes y rítmicos, algo
como de serpentino; ondulaciones de follaje; flexibilida-
des de liana;

en aquella virgen se reflejaba la pasión, como la llama a través de una lámpara de alabastro;

se comprendía que al beso del placer, aquel mármol hecho carne, debía tornarse en fuego, como la vípera mágica de los faraones, que el día del combate se tornaba en llama;

libre ya de los últimos aleteos del sueño, se entregó a los cuidados de su *toilette*;

después pensó en vestirse;

necesitaba aumentar su hermosura por el tocado, para aparecer deslumbradora y esquiva, a los ojos del hombre a quien amaba tanto, y de quien estaba celosa;

necesitaba vengarse, seducir, brillar; se creía abandonaba, y quería como una estrella lucir aún más en la soledad el resplandor de su belleza astral:

Doña Mercedes había estado aquella mañana en su aposento para suplicarle que, a pesar de su enfermedad, la acompañara esa noche en el salón, pues venía el cura de Serrezuela a ver el Palio, y señalar los altares que la familia debía hacer adornar para la fiesta del *Corpus*.

–Además –añadió–, vienen las Quinteros, que van de paso para Villeta, y como llegan con el novio de Paquita, que es un político de estos de hoy –e hizo un mohín de desprecio–, quiero que usted me ayude a atenderlos, porque las niñas todavía no entienden nada de eso.

Luisa había prometido hacerlo; y de ahí por qué frente a su espejo se preparaba a vestirse;

como la niebla blanca de la mañana envuelve la blancura de los lises, así sus tenues ropas interiores, y ondas de encajes la cubrieron pronto;

ciñó su talle con *corset* lujoso, forrado en seda azul, lleno de blondas, que, al sostener sus pechos prominentes, formaban con la albura de la carne y la albura infe-

96

rior de los encajes, cuna de nácar al amor dormido, sobre el níveo plumón de esas palomas; las palomas de Venus Cyterea;

recogió luego su cabello undoso, formando una diadema a su cabeza, sobre su frente pálida que diosa, y dejando en descubierto su nuca escultural, nuca inquietante, con su nube de vellos descendiendo al arco dorsal, y en la cual se escapaban rizos locos, como para ser aprisionados por un beso;

calzó sus pies en botas negras; y con la mano en la mejilla, pensó entonces qué traje se pondría.

–Este –parecía decirle su corazón, indicándole el armario, aquel de seda color crema traído por Arturo de Bogotá.

–No, no –dijo hablando consigo misma; y empezó a vestirse uno azul pálido, que le habían regalado sus discípulas;

pronto las elegantes faldas la cubrieron, como un ropaje clásico a una estatua; y ya vestida se miró al espejo;

no llevaba flor, ni en los cabellos ni en el pecho;

la sombra de la melancolía, le daba una como transparencia ideal.

y, su tristeza, como una nube de otoño, prestaba un pálido color a su hermosura;

vestida ya, se reclinó en el sofá;

la ola inagotable del recuerdo brotó en su alma, y absorta se quedó en sus pensamientos...

ideas tristes vinieron a su cerebro, y sus dolores todos llegaron a hacerle compañía como grandes pájaros silenciosos volando en su redor;

y, allá lejos, *Delos*, su isla soñada, se alejaba, se alejaba, perdiéndose en la bruma silenciosa...

*
* *

Los huéspedes anunciados, habían llegado ya a *La Esperanza*.

y, como era natural, fue el primero el señor cura;

de gente rica se trataba; buena mesa, viejo vino, blando lecho, rico palio habrían sin duda; limosna para la iglesia no había de faltar; ¡imposible que su celo apostólico, desmayara ante esta empresa!

caballero en famosa mula rucia, con lujosos aperos, zamarros negros, espuelas de plata, y gruesa ruana de paño, llegó el presbítero González, a las cuatro de la tarde, a las puertas de la hacienda;

una vez clérigo y mula en la pesebrera; saludólo con místico respeto el sirviente, quien tomó de las manos de aquél el arriador y las espuelas, con el mismo recogido aspecto que si ayudándole a misa estuviera, o recibiendo los ornamentos sagrados de manos del levita;

sueltas las faldas de la negra vestidura y, con paso no muy ligero pues ya castigábalo la edad, ganó al fin el párroco el corredor de la casa;

saliólo a recibir doña Mercedes, algo domada su altanera urbanidad por el peso de sus preocupaciones religiosas; ¿no era aquél el representante de Dios sobre la tierra? ¡vamos! que sí lo era;

delegado especialísimo de Dios en Serrezuela, enviado extraordinario, ministro plenipotenciario, encargado del cuidado de sus ovejas en aquella importante sección del globo; ¡oh! todo un personaje semi-divino era este representante de la corte Celestial, única Corte que tiene el hábito de que sus ministros sean pagados por el pueblo en que están acreditados;

¡diplomacia divina!

mohína se presentó la señora ante aquel hombre, en cuya presencia desnudaba su conciencia todos los meses;

recibióla afable y burlador el cura;

era el presbítero González, alto de cuerpo, rico de carnes, bruscas las facciones como los modales; que no es la clerecía profesión de gente culta, bien nacida, ni acaudalada entre nosotros;

gañán que nada vale, mozo que de nada sirve, busca en la cura de almas remedio a su insuficiencia;

nidada de labriegos rústicos, que ignoran del mundo y de la ciencia todo, empollados en sacristías de remotos pueblos, y encerrados luego en un seminario, a donde aprenden a mascujear el latín y maldecir a los herejes: tal es la casta sagrada;

no tardaron en oírse el ruido del coche que traía la anunciada familia, y los gritos y aspavientos de doña Dolores de Quintero, quien, con sus dos hijas, un hijo suyo, y su futuro yerno, hacía su entrada triunfal;

alta como un granadero; robusta y bien conservada era doña Dolores; reilona, alegre, jovial, vistiendo como una muchacha, riendo de todo, hablando como un loro, franca y honrada, feliz con el amor de sus hijos, era el polo opuesto de la pequeña, astuta y fría señora de la Hoz.

Paquita era una belleza espléndida que declinaba; era un astro de la moda, en su majestad crepuscular;

pálida, con esa palidez enfermiza de una rosa ajada, palidez acusadora de una larga soltería; muy bella aún, distinguida, elegantísima, había encontrado al fin quién viniera a ofrecerle su mano, en esa hora ya crítica de su moribunda juventud, y se preparaba en esos días para su enlace con el doctor Rodríguez, que la acompañaba.

Ernestina, la menor, no se distinguía por nada; era una muchacha bonita, bien vestida, que comenzaba a hacer el himeneo, la antesala que tan larga había sido para su hermana.

Juanchito; *l'enfant gâté* [el niño mimado] de la familia, por ser el último, era el tipo perfecto del enfadoso pisaverde bogotano, del gomoso completo, del pollo más insubstancial del mundo;

ignorante, presumido, fanático, educado y enviciado por sacerdotes, lleno de devociones pueriles, y de corrupciones viles, era el más perfecto ejemplo de un gañán dorado, el espécimen más puro de cierta clase no escasa de la *crème* [crema] de Bogotá;

ni un pelo desarreglado en la cabeza, ni una arruga en el traje, inmaculada la pechera, alto y níveo el falso cuello, que hacía mantener levantada su faz rubicunda, en la cual se revelaban bien su ignorante pretensión y las prematuras liviandades de su vida;

regular de estatura, esbelto y delgado, era el doctor Rodríguez;

tostada su piel, por los climas de la costa en donde había nacido, era de una palidez morena; negros el cabello y el bigote, despejada y tersa la frente, profunda y soñadora la mirada, como hecha a contemplar los horizontes del mar; su palabra fluida, vibrante, era a veces armoniosa, acariciadora, tierna; otras, fuerte, dominadora, terrible; voz hecha para seducir y avasallar, tenía el rumor, y las tempestades del océano, en cuyas riberas había visto la luz;

venido a Bogotá a terminar sus estudios de Derecho, los había concluido con brillo extraordinario, siendo uno de los discípulos predilectos de ROJAS GARRIDO, el maestro inmortal;

desde las aulas fue célebre; sus alas de pájaro gigante, rompieron pronto esa capa de indiferencia en que el público envuelve por largo tiempo, las grandes inteligencias destinadas a la gloria; no hubo para él limbo posible; su ciudad natal, le había sido hostil;

las pequeñas ciudades, como los pequeños países, no perdonan la grandeza exagerada de sus hijos, y se vengan proscribiéndolos cuando están en su seno, o fingiendo desconocerlos, si están fuera; y, sin embargo, se alimentan de su gloria;

avutardas sorprendidas de haber empollado un huevo de águila, no perdonan al hijo glorioso:

Majores pennas nido extendisse loqueris,

(Haber desplegado alas más grandes que su nido): como dice Horacio;

y, se indignan contra la vibración potente de esas alas, que forman sobre ellas halo de gloria, resplandor astral;

fuera de su ciudad, tuvo gloria;

fue glorificado, es decir, fue insultado;

el diarismo y la tribuna, fueron las cimas en que posó su vuelo, y sobre ellas bajó la tempestad;

el odio clerical lo ungió; guijarros de la plebe fanática, hicieron pedestal a su tribuna, y hasta el último marmitón de la marina tonsurada, en la náufraga barca de San Pedro, arrojó sobre él, sus inmundicias;

así, en su tumultuosa celebridad, conoció a Paquita;

enamorado de ella, fue fácilmente correspondido;

tuvo entonces que luchar con la oposición de la familia;

las ideas exaltadas del pretendiente, eran un *Inri*;

su semblante, algo moreno, era una amenaza; la familia temblaba a la idea, de que parientes todavía más obscuros vinieran un día, en importuna emigración, a ensombrecer con su color, y a turbar con sus gestos de simios, la aristocrática calma de sus salones en Bogotá; o que en virtud del atavismo, un netezuelo naciera con la piel negra como betún, o alguna extraña prolongación del coxis;

estas aristocráticas mestizas, de pueblos pequeños, son muy celosas; su sangre de galeote español, y de indio bravo, incontaminada quiere ser como sangre del hebreo; y, viven así, felices, en su grandeza aldeana;

pronto estaba ya a retirarse Rodríguez, cuando la familia capituló; el amor de madre, iluminó el alma sana de doña Dolores; Paquita se moría;

la *inmortal Histeria*, ese monstruo devorador de la belleza, la consumía;

sus encantos, como pétalos de una flor enferma, iban muriendo uno a uno;

las corrientes de su pasión, se desviaban ya hacia la exaltación religiosa, y estaba próxima a formar en esa larga fila, casi interminable, de vírgenes anémicas, que, atormentadas por pasiones ardientes, por incurables deseos, por innombrables nostalgias, obsesionadas por terribles visiones; sueños de la *indestructible Lujuria*, van, camino del misticismo, a las naves silenciosas y obscuras de los templos, para ser allí, en las praderas de la devoción, pasto inocente al apetito sacerdotal que las devora;

era preciso salvarla, y la salvaron;

reponer un poco su salud quebrantada, era lo único que esperaba para realizar su matrimonio, y a ello iban a Villeta; aprovechaban la ocasión, para esta visita a *La Esperanza*.

*
* *

Era ya casi de noche, cuando Luisa se presentó en el salón;

la escasa concurrencia, estaba entregada a esa revista de inspección, que sigue siempre a las presentaciones, con la reserva habitual entre gente de trato no muy íntimo;

a la aparición de Luisa, hubo un rumor de admiración;

su belleza regia deslumbraba; su imponente elegancia, sorprendió aun a doña Mercedes, que orgullosa de tener a su servicio tan distinguida institutriz, se apresuró a hacer las presentaciones de estilo.

–La señorita Luisa García, maestra de mis hijas.

Luisa dio la mano a las señoras murmurando un cumplido; hizo una inclinación de cabeza a los hombres, y tomó asiento;

la emoción había dado un leve tinte rojo a sus mejillas, comunicando así un nuevo encanto a su belleza.

Don Crisóstomo, quedó extasiado, en actitud abacial, casi pronto a cruzar las manos como ante una imagen bendita;

el señor cura, la devoró con la mirada, y humedeció sus labios con la lengua, como un tigre que ve pasar ante su vista, la más esbelta corza del valle.

Juanchito abrió desmesuradamente la boca, corriendo el riesgo de ajar su pechera irreprochable con la saliva, pronta a escurrirse de sus gruesos labios;

el doctor, la contempló con esa mirada placentera, con que un inteligente admira una obra de arte, y un hombre de gusto a una mujer hermosa.

Arturo, casi no la veía con los ojos del cuerpo; deslumbrado y triste, la admiraba en el nimbo de lágrimas y luz de sus amores.

Sofía, como una paloma que va a ampararse bajo el ala de una águila, corrió a sentarse a su lado, y tomando una de sus manos la contempló con esa admiración ingenua, de las almas sin envidia.

–¡Qué linda está usted, señorita! –le dijo al oído.

Luisa, correspondió al cumplido con su más cariñosa sonrisa, estrechando entre sus manos, la de la preciosa niña a quien quería tanto.

Matilde intentó sonreír, pero con su instinto femenil, aunque inocente del mundo, comprendió que aquella odiada belleza la anonadaba; con una vaga presciencia del peligro, buscó a Arturo con la mirada;

lo vio fuera de la sala, en el corredor, inmóvil en la penumbra, con los brazos cruzados, extasiado mirando a Luisa, con la extraña expresión de un culto reverente, de una apasionada adoración;

la niña tembló por su amor, y lanzó una espantosa mirada de odio, sobre la frente de la institutriz;

las señoras todas, estaban acordes en la belleza de la *normal*.

Doña Dolores lo dijo así a la señora de la Hoz; Paquita lo murmuró al oído del doctor; Ernestina lo manifestó a su hermano; y, éste, volvió los ojos buscando a quién decir una desvergonzada chanzoneta que se le ocurrió, al ver las esbeltas formas de Luisa.

–¿Qué opina usted? –dijo don Crisóstomo al cura, libre ya de su primer acceso de fascinación.

–¡Bellísima! –respondió la mole cural, como si todos sus apetitos bestiales, se hubieran condensado en esa palabra.

–¡Lástima que esté perdida para el cielo!– añadió luego, alzando en actitud beatífica sus ojos, volteando las pupilas carnosas y verdes, hasta dejarlas en blanco, como las de una estatua.

¡perdida! ¡perdida! repetía, psalmodiando un versículo de su breviario.

–¿Por qué? –murmuró don Crisóstomo asustado.

–¡Cómo! ¿por qué? ¿no ve usted que ha estudiado en la Normal?

–Esas son preocupaciones.

–No, mi amigo, esa escuela es atea, y yo apuesto a que esa joven no cree en Dios.

–Usted se engaña, señor cura, esa joven es muy piadosa.

–Y, si es piadosa, ¿por qué no ha ido a confesarse conmigo, desde que está aquí? acercarse al sacerdote es acercarse a Dios; quien se aleja de sus ministros se aleja de él.

–No habrá tenido tiempo...

–No, señor; alguna picardía tendrá que ocultar, cuando no se acerca al Santo Tribunal de la Penitencia.

–No crea usted eso; es muy virtuosa.

–¡Engaño! ¡engaño de Satanás! no se deje usted deslumbrar por la belleza, señor don Crisóstomo; Luzbel también era bello, y perdió a los demás –y, el buen cura con las manos cruzadas sobre el inmenso abdomen, roja la nariz, creyendo que había hecho el más bello símil de la literatura actual, lleno su meollo de santa inspiración, se preparaba a continuar su peroración elocuentísima sobre la belleza del diablo, y el ateísmo de Luisa, cuando, para desgracia de la elocuencia colombiana, y fortuna del vientre vacío del presbítero, doña Mercedes dijo las sacramentales palabras:

–Vamos a comer;

dio el brazo el cura, a doña Mercedes y a doña Dolores; don Crisóstomo, a Ernestina y Sofía, pues no se atrevió a hacerlo a Luisa, la que se retiró hosca al otro extremo del salón, al verlo vacilar en ese sentido; el doctor que llevaba a Paquita, se acercaba a hacerlo, cuando Juanchito, tumbando sillas y pisando faldas, llegó jadeante hasta ella, y pronunciando una frase tonta, y haciendo cómica cortesía, le brindó el suyo.

Arturo y Matilde, quedaron los últimos;

la joven se acercó a su primo, y él, sin decirle nada, la condujo a la mesa;

al entrar al comedor, Luisa volvió a mirar, y los vio en el momento de atravesar el umbral de la puerta; súbita lividez cubrió su rostro; un nudo pareció subírsele a la garganta; los celos rugían en el fondo de su alma.

Arturo, comprendió que los había visto y tembló, maldiciendo la casualidad que siempre lo hacía aparecer culpable, y detestando en su interior a su prima, que aquellas amarguras le causaba;

la comida fue ceremoniosa.

Don Crisóstomo, apenas respondía al señor cura; Arturo, no probaba los platos; Luisa, escuchaba sin oír la charla insubstancial, y los almibarados piropos de Juanchito; Matilde, soberbia y triste, nada veía de lo que pasaba en torno suyo, sino a Arturo, que no le dirigió la palabra una sola vez;

la tristeza y el malestar de estas almas, parecían comunicarse a los demás;

los vinos dieron un poco de animación al final de la comida, y cuando se trasladaron al salón, ya los rostros más joviales y las almas más expansivas, comenzaban a entrar en intimidad; el cura hablaba de lo lindo;

después de contar anécdotas picantes en la mesa, y vueltos al salón, hablóle la señora del Palio, que ya estaba concluido; y la charla recayó sobre la procesión próxima;

dos frases cruzadas entre el clérigo y el doctor, hicieron con razón prever a doña Mercedes, una polémica religiosa muy desagradable, y, deseosa de evitarla dijo, dirigiéndose a las Quinteros:

–Vamos, niñas, toquen algo.

Paquita, que estaba en ascuas por la misma razón, se abalanzó al piano, y recorrió el teclado en armonioso registro;

los hombres se callaron;

la joven ejecutó entonces algunos valses a la moda, y aires ligeros de zarzuela.

Luisa escuchaba absorta;

sus ojos medio cerrados, con profundidades de Erebo, daban la idea de un Stimphalito brumoso, en cuyo fondo sus deseos, como aves carniceras, devoraran el cadáver de sus sueños; ¡quietud de Estigia! ¡obscuridad de Báratro!

su torneado brazo, sostenía su rostro pensativo, sobre cuya frente, como un penacho guerrero, ondeaba victoriosa, su cabellera negra, negro del ala de un paují salvaje; se sentía que el dolor vagaba sobre esa frente, con el vuelo silencioso y letárgico de un vampiro;

así, hundida en el sillón de terciopelo azul donde emergían más níveos los pétalos de su carne, parecía prestar atención, al vendaval de necedades que Juan-

107

chito desataba sobre ella; y, sin embargo, su alma vagabunda, erraba muy lejos en la pradera florecida de sus
sueños...

al ver las atenciones de Juanchito, que no abandonaba el sillón cercano al de Luisa, Arturo tuvo celos;

por primera vez sintió en el corazón, la mordedura
de la sierpe;

la tempestad rugía en el fondo de su alma;

afuera, en el corredor, sepultado en la tiniebla, meditaba;

la serenidad de Luisa lo anonadaba:

¿tenía ella razón? ¡oh, si ella lo supiera todo!... si su-
pera con qué ardides Matilde lo había hecho llegar hasta ella...

¿y, cómo verla llorar indiferente, si era casi su hermana?

él, no la había besado primero; era ella, la que se
había prendido a sus labios; y luego, era el orgullo
genésico el que había gritado en él;

era inocente, sí, inocente; y, sin embargo, Luisa no
quería oírlo; su esquivez lo abrumaba;

al sentir el piano, creyó que era Luisa, y corrió a la
puerta;

allí quedó inmóvil, meditabundo, lleno de cóleras secretas, al verla indolente, reclinada en el sillón, oyendo
a Juanchito que en voz baja, le hablaba al oído;

cuando Paquita dejó de tocar, la señora rogó a Luisa que fuera al piano;

haciéndose una violencia inmensa, se encaminó a él,
apoyada en el brazo de Juanchito;

ensayó una sonata de Mendelssohn, apasionada y
melancólica; y arrebatada por la inspiración, atacó luego con verdadera maestría al *Alcestes*, de Glück, su au-
tor predilecto:

toda su alma de artista pasaba por el teclado, y sus pesares, como un coro de pájaros ocultos, gemían bajo sus dedos en notas apasionadas y soñadoras, que impregnaban de sentimiento aquellas almas, y envolvían en una como atmósfera de recogimiento aquellas frentes antes despejadas:

–Cante usted algo –dijo doña Mercedes, aún emocionada.

–Estoy muy ronca.

–Haga un esfuerzo...

–Sí, cante usted, cante usted –dijeron todos en actitud de súplica.

–Ensayaré por complacerlos.

–Arturo, ven a acompañarla –dijo don Crisóstomo.

Luisa se puso en pie, y Arturo tembloroso ocupó su puesto en el piano.

Luisa no lo miró siquiera; pálida, agitada, buscó un libro: *Música Sagrada;* lo puso al frente de su acompañante, y sin inclinarse como lo había hecho la primera noche, moduló en voz baja lo que iba a cantar;

cuando estuvo segura de que Arturo lo sabía, cantó a plena voz el *Stabat,* de Rossini, que ofrecía como un homenaje, a la piedad de los presentes;

después cantó el *Ave María,* de Gounod; y, por último, con un sentimiento modernista admirable, la *Redención,* del maestro César Franck;

su alma, nada mística, no daba a esos cantos religiosos más belleza, que la que tenían en una ejecución límpida y fría;

sin embargo, esto bastó para que el cura le perdiese la aversión, hablándole de cantar en el coro la próxima Semana Santa;

luego volvió a sus autores predilectos: Berlioz, el apasionado; Schumann, el sensitivo extraordinario; Schubert, el de los *líderes* mágicos; y entonando *Les plaintes de la jeune fille,* arrebató el auditorio, envolviéndolo en una nube de tristeza, como el final de un poema de amor; la muerte de una tarde invernal en la llanura;

después cantó: *Vorrei morire:*

su voz sonora, aumentada por la pasión, tomó todas las vibraciones: gemía, apostrofaba, sollozaba, era himno y plegaria, imprecación y cántico...

y, fulguraba con pasión intensa, el índigo color de sus pupilas.

Arturo no apartaba la vista de aquel rostro divino; de aquella garganta, por la cual pasaba en cascadas la armonía; de aquel seno que se agitaba como un mar, en ondulaciones voluptuosas; de toda aquella belleza asombrosa, que tenía el esplendor de un símbolo pagano;

al terminar la última nota de su canto, los ojos de Luisa estaban llenos de lágrimas, y una de ellas cayó sobre el teclado.

Arturo, como un ciervo sediento a la vista de una fuente, tuvo ímpetus de apurar con sus labios esa gota, para apagar en ella su sed de amor y su tristeza.

Luisa se apresuró a secarla con el pañuelo; pero él, casi arrebatándoselo bajo pretexto de ayudarla, se puso en pie y conservó la prenda querida;

los aplausos, y la emoción que reinaba en la sala, impidieron a los demás ver aquella escena.

Luisa nada dijo;

aceptó el brazo de Arturo, y se dirigió a su asiento, sin preocuparse de Juanchito, que, al lado del piano, aplaudía con un frenesí de escolar;

se dejó caer en el sillón.

Arturo se sentó al lado de ella.

Ernestina tocaba en aquel momento;

aprovechándose de esa ocasión, Arturo le dirigió la palabra.

–Señorita, he deseado mucho hablar con usted.

Luisa no contestó.

–No me condene usted sin oírme –añadió el joven–; ¡si usted supiera cuánto sufro! soy muy desgraciado al ver que le soy a usted indiferente; no me aborrezca usted, señorita;

el silencio de la joven continuaba.

–Hoy he debido irme de aquí –prosiguió Arturo en voz baja–, porque desde que usted me aborrece, esta casa me es odiosa; no he podido resignarme a partir sin ver a usted; sin decirle que soy inocente.

Luisa, por toda contestación, alzó hacia él, sus grandes y tristes ojos, y lo envolvió en una mirada purísima.

Arturo no bajó los suyos.

–Sí, soy inocente –repitió con voz conmovida por la pasión;

en los labios de Luisa, se dibujó una sonrisa forzada de incredulidad.

–No se ría usted de mí, señorita; no sea cruel; no se burle usted de mí; bastante he sufrido en estos días, y mucho más esta noche; ¡oh, yo no sabía lo que son los celos!...

–¿Conque ha sentido usted celos? –dijo Luisa, dejando caer una a una sus palabras.

–Sí.

–Y eso que no me ha visto usted abrazar a nadie...

Arturo iba a responder, cuando llegó Juanchito a suplicar a Luisa que bailara.

–Estoy muy fatigada, y no sé bailar;

el gomoso instó, suplicó, pero todo fue en vano;

entonces se sentó al lado de ella, en el asiento que su hermana había dejado vacío.

Arturo se levantó.

–Buenas noches, señorita.

–Hasta mañana, porque me imagino que ya no hará usted el viaje proyectado...

nada pudo responder, ante el resplandor de aquellos ojos que lo bañaban en efluvios magnéticos;

deslumbrado se retiró de allí, sin ver cómo Matilde, sentada en un sofá, en un rincón obscuro, casi sollozaba de ira.

*
* *

El bosque de sauces, iba poco a poco, siendo invadido por el silencio y las tinieblas...

el cielo, antes de un azul clarísimo, se había tornado en gris, a la llegada de las primeras sombras de la tarde;

cesaban en los árboles, los estremecimientos de alas, y en el boscaje el rumor de los insectos;

el agua murmuradora, corría besando la grama, y garzas inmaculadas, tendían sus plumas lucientes a los rayos del crepúsculo;

allí estaba Luisa;

sentada en un banco de piedra, a la sombra de un gran tronco ennegrecido y desnudo, que semejaba en la noche naciente, una de esas grandes estatuas de basalto, en las que el arte egipcio perpetuó sus Pastophoras imponentes y rígidas, la joven había cerrado el libro en que leía, y preocupada y triste, miraba el horizonte que iba haciéndose negro por momentos;

amortiguados llegaban hasta ella, los ruidos de la casa, mezclados a los rumores del campo, que preludiaban la canción postrera de la tarde;

vestía el traje amarillo color crema, escogido por Arturo en Bogotá; y entre sus largos cabellos, recogidos hacia atrás, se escondía un botón de rosa té apenas entreabierto;

la ternura velada de sus ojos, tenía la dulzura, la tristeza, el misterio, de los largos crepúsculos que contemplaba;

en aquel fondo de verdura, a la sombra de aquellos grandes árboles, con su belleza de ídolo, parecía la deidad de aquellos bosques, la ninfa púdica huyendo allí del brazo del fauno violador;

envuelta en la amplia falda, caída a grandes pliegues sobre su cuerpo escultural, se diría la antigua sacerdotisa de Ceres, esperando el rayo de la luna para cortar la verbena perfumada;

no vieron Canéfora más bella, las Tesmoferias de Pianepsion;

himno de amores rumoreaba en torno;

de la llanura se desprendía una como inmensa dulzura voluptuosa; la palidez del cielo, parecía besar la sombra de la tierra; los árboles, se destacaban fantásticos sobre el fondo de oro de las nubes cercanas al sol poniente, y que la sombra descoloraba por minutos;

en lontananza, borrábanse las cimas dentelladas, y la blanca silueta del Tolima, se hundía en la penumbra augural de la noche silenciosa;

las estrellas aparecían, y los pájaros dormían; había uno como soplo de paraíso, en este adormecimiento de la naturaleza; todo entraba en la calma letárgica, anunciatriz divina del reposo;

y, Venus aparecía en el cielo, como un inmenso trébol incendiado;

y la virgen meditaba;

ligero estremecimiento de hojas sintióse en torno; cuando Luisa volvió a mirar, Arturo estaba cerca de ella; la miraba con sus ojos apasionados y tristes.

–Señorita –le dijo–, por fin la encuentro a usted sola.

Luisa no respondió nada, pero se sentó en el tronco caído que servía de descanso a las lavanderas de la casa; Arturo se colocó a su lado.

–¿Por qué me ha hecho sufrir usted tanto? –murmuró tristemente.

–Porque yo quiero que usted sea feliz con la mujer que ama.

–¿Con quién?

–Con Matilde.

–No sea usted cruel; usted sabe bien que yo no la amo a ella.

–¿Y, lo que yo he visto?

–Lo que usted ha visto, no fue más que un cariño de hermano al verla llorar.

–Pero ella lo ama, y usted no debe disgustar a sus padres.

–Basta ya, señorita, de este modo maternal con que usted pretende tratarme; el amor me ha hecho hombre; ese amor que usted ha despertado en mí y que usted no ha sentido.

Luisa lo miró fijamente como interrogándolo.

–Sí, que usted no ha sentido; porque si usted hubiera pasado como yo, quince días sin dormir, enfermo y como enloquecido, no me hubiera hecho sufrir tanto –dijo él, y sus ojos húmedos se clavaron en ella con pasión infinita.

Luisa lo miró entonces, y su mirada era ardiente, intensa, profunda; sus pupilas húmedas se alzaban en una languidez feliz, y sólo pudo murmurar esta palabra:

–¡Ingrato!

toda su alma se escapó en esa queja.

Arturo le rodeó el talle con su brazo, y sus labios se encontraron como dos ciervos sedientos que llegan al mismo arroyo; y absortos y felices quedaron allí, vagando en una atmósfera de voluptuosidad infinita.

la luz había muerto; dos palomas arrullaban en el jaral vecino; Venus enviaba sus rayos a través de los sauces melancólicos, y un ruiseñor cantaba en las ramas de un tilo florecido;

el ruido de una persona que llegaba los separó.

Don Crisóstomo estaba allí;

absorto el viejo, los miró temblando.

Luisa se puso en pie; Arturo la imitó;

la mirada de Luisa, llena de tranquila serenidad, era un desafío; la de Arturo, fulgurante de cólera, era un reto.

–Vagabundo –dijo al fin don Crisóstomo, desatándose en improperios contra Arturo.

–No le culpe usted –le dijo Luisa–, yo le he citado aquí.

Arturo no aceptó la noble excusa y respondió:

–No señor, y he venido aquí porque deseaba hablar con la señorita; porque la amo.

–¡Miserable! –dijo el viejo furioso; y dejó caer su mano sobre la mejilla del joven.

Arturo rugió como un león herido; cerró sus puños y se lanzó sobre su padre.

Luisa se interpuso entre los dos;

al poder de su mirada, Arturo quedó inmóvil; don Crisóstomo bajó la frente.

–Sí, nos amamos –le dijo Luisa, silbando como un latigazo esa frase–; Arturo no me ha tendido un lazo, como usted aquella noche en el salón; y hoy, al levantar la mano contra él, que no debe defenderse, me ha demostrado que usted, a más de ser un miserable, es un cobarde –y los labios de la joven temblaban y su mirada fulgurante relampagueaba en la obscuridad.

–Luisa –murmuró don Crisóstomo;

la joven no respondió.

–Vamos –dijo a Arturo, tomándole la mano.

–Déjeme castigarlo.

–¡Jamás! es su padre.

–No; no es mi padre.

–¡Cómo!

–Sí, es preferible la verdad; prefiero ser hijo de una falta, a ser hijo de este monstruo –y el joven envolvió al anciano, en una mirada de coraje y de desprecio;

y, después, unidos, silenciosos, se alejaron los dos jóvenes; sus siluetas se perdieron en la inmensa avenida cubierta de ramas y de sombras;

el anciano quedó inmóvil, en aquel limbo de tinieblas y rayos de estrellas que caían sobre él;

después se deslizó en la penumbra; se dejó caer sobre el banco, y ocultó el rostro entre las manos;

un ruido extraño pobló el bosque;

el Fauno sollozaba.

*
* *

La noche aquella, Luisa no bajó al salón;
soberbia y triste, había subido a su habitación, y su-
mídose en serias meditaciones...

su amor había desbordado;

tanto tiempo guardado en el corazón, había ido afuera;

manantial que fluye en la tierra y se va al valle: así
su amor; salido de su corazón, fue a su boca, y estalló
en un beso;

el recuerdo de aquel ósculo le quemaba los labios
como una ascua;

su carne dormida se inquietaba;

su virginidad, como un niño que despierta, abría los
ojos;

como bandada de palomas sorprendidas, los deseos
voloteaban en torno de ella; relámpagos de pasión es-
tremecían sus carnes sagradas; parecíale que aún se
apoyaba en su cintura, el brazo fuerte y tembloroso de
Arturo; que sus labios febricitantes la tocaban, y sentía
la presión de su mano, y su fuerte y anhelosa respiración que le incendiaba el rostro;

voluptuosidad ignorada, ráfagas quemantes pasaban
por su cuerpo, abrasándolo como vientos del desierto;
su animalidad aullaba como una loba hambrienta;

su raza fuerte era casta, pero ardiente; no había en
ella el germen de morbosidades pasionales, el atavismo
de la prostitución, el sedimento impuro de viejas razas

enfermizas; sus ardores eran vivos y puros, como la llama de una hoguera;

sentía el deseo e ignoraba el mal;

como Artemisa a la sombra de los grandes bosques, también sintió en sus formas castas y desnudas, las mordeduras del deseo; sierpe que se oculta para picar la carne calmada;

se sentía mal; la sangre se le agolpaba al cerebro, y le dolía la cabeza horriblemente;

abrió el balcón para aspirar el viento de la noche;

todos los ruidos habían cesado;

las luces del salón, empezaban a extinguirse;

en las habitaciones de los huéspedes, se hacía el silencio;

apoyada de codos en la baranda, la joven sintió que la brisa helada de la noche le hacía bien;

efluvios de enervante voluptuosidad, flotaban en la atmósfera; aromas de flores entreabiertas, subían hasta ella, como un himno de perfumes en adoración a su hermosura;

rumores desconocidos y melancólicos la arrullaban, como si gnomos amantes, ocultos en el cáliz de las flores, y silfos enamorados, errantes en las alas de la brisa, murmuraran para ella sola su canción de amores;

su espíritu soñador se habría absorbido por completo en esa calma profunda, si una sombra que vagaba abajo, a la sombra de los árboles, no le hubiese robado toda su atención.

Arturo estaba allí;

en mudo diálogo, platicaron por largo tiempo sus dos almas, enviándose besos y suspiros en las alas ligeras de la brisa, y en el perfume errabundo de las flores;

121

el ruido del torrente que corría a sus pies, y el temor a los de la casa, les impedían hablarse, pero en espíritu se abrazaban en la calma infinita de la noche;

la abstracción en que se hallaba, no permitió a Luisa advertir que la puerta de su cuarto se abría; pero pareciéndole haber sentido pasos, volvió a mirar;

nada vio a favor del escaso rayo de la luna que entraba a través de las cortinas y que era la única luz que iluminaba el aposento; sin embargo, se dirigió a la puerta y la cerró con llave para mayor seguridad; si hubiese estado menos distraída, habría visto una forma humana deslizarse detrás del armario, y esconderse allí;

al volver hacia el balcón, se encontró tomada por una mano, y vio un hombre ante ella.

–¡Dios mío! ¿qué es esto? –gritó la joven.

–No grite usted porque se pierde; no haga escándalo.

–¡Don Crisóstomo! –dijo Luisa asombrada, queriendo desprenderse de los brazos que ya pugnaban por aprisionarla.

–Oígame usted.

–¡Infame! –exclamó ella, con un acento de resolución heroica–; ¡salga usted de aquí, o grito!

–Y, ¿quién la oirá a usted? si usted misma ha cerrado la puerta.

–Arturo que está allí.

–¡Ojalá viniera! –repuso don Crisóstomo con voz ronca–; así lo mataría aquí, en presencia suya –y llevó la mano a su revólver.

–¿A su hijo?

–No lo es.

–Ya lo sabía; ¡salga usted por Dios! –dijo Luisa, en tono de súplica.

–No, no saldré de aquí, sin que usted haya sido mía; estoy resuelto a todo.

–¡Nunca! –repuso la joven con indomable cólera, e irguiéndose en medio de la sombra añadió–: ¡Salga usted de aquí! –y se dirigió a la puerta para abrirla.

Don Crisóstomo, se lanzó sobre ella y la abrazó, tratando de aprisionar su cabeza, para estampar sus labios infames en los labios de la joven.

Luisa se escapó con un ágil movimiento, saliéndosele por debajo de los brazos;

el viejo logró abrazarla de nuevo, y llevó su mano atrevida al seno de la virgen;

el golpe de un espantoso bofetón se escuchó en el aposento, y el anciano vaciló sobre sus pies.

–Infame, infame –repitió Luisa; y en aquel combate en la sombra, ya no se defendía, sino atacaba;

cogido por los cabellos y prosternado, tenía al anciano en el suelo; pero éste, agarrado al traje y a las piernas de ella, no le dejaba movimiento;

por una rara habilidad, libertando uno de sus pies, lo puso en la cara del viejo, quien se llevó ambas manos al ojo herido, y rodó contra el sofá;

entonces, como una cierva escapada, saltó al balcón;

ya iba a gritar, cuando oyó que tocaban fuertemente a la puerta;

comprendió todo el horror de su situación.

Doña Mercedes no gritaba, sino aullaba afuera;

serena, con una serenidad pasmosa, Luisa atravesó el aposento y abrió la puerta;

la luz que traía doña Mercedes, iluminó la habitación.

Don Crisóstomo, se dejó caer en el sofá cubriéndose el rostro;

las dos mujeres se miraron frente a frente.

Luisa, rojo el semblante, húmedas las pupilas, desarreglado el traje, suelto el cabello, cerca de aquel an-

123

ciano humillado, semejaba la *Palas*, de Botticelli, que de pie, vestida con esos follajes queridos al Maestro florentino, aparece radiante y terrible, doblando la frente humillada de un Centauro vencido;

en su mano temblorosa, brillaban pequeños hilos de plata, que se enroscaban en sus dedos como una gasa argentada... eran trofeos del combate; cabellos del seductor.

Don Crisóstomo, amoratado el semblante, desgreñado el cabello, en desorden el vestido, estaba inmóvil;

esas huellas de la lucha, las tomó la mujer celosa por las huellas del placer;

con sonrisa insultante, contempló doña Mercedes a Luisa; la joven la vio con ademán soberbio;

imposible estampar en un libro el tropel de dicterios, de insultos soeces, de frases crudas, que brotaron por la boca de la *aristocrática* señora.

Luisa la oyó tranquila; mas, cuando concretó su cargo, le dijo con calma abrumadora:

–¡Miente usted! este hombre es un miserable, un ladrón; me he defendido de él, como he podido; ¡interróguelo usted!

Doña Mercedes calló;

–¿No es cierto? –dijo Luisa, dirigiéndose a don Crisóstomo–, ¿no es cierto que usted ha entrado aquí sorprendiéndome, que me he defendido, que soy inocente?

–Sí –contestó el anciano con voz débil.

–¿Qué otra cosa iba a decir? –gritó doña Mercedes–; ya debía yo suponer que esta mujer era la querida de Crisóstomo; la que ha corrompido a Arturo; pero no debía extrañarlo; la culpable soy yo, por haber admitido en mi casa, una mujer cualquiera, educada por el

Gobierno, sin ley, ni Dios; una perdida, hija de una vagabunda;

al ver insultada a su madre, Luisa no fue ya dueña de sí; fulgurantes los ojos, crispados los puños, avanzó sobre doña Mercedes en actitud amenazante:

ésta retrocedió; Luisa, poniéndole fuertemente la mano en el hombro, mirándola fijamente, y con su rostro cerca al de ella, le dijo con voz enronquecida por la cólera;

–Esa mujer a quien usted llama vagabunda, es una mujer más honrada que usted; ella no ha sido mujer liviana, una meretriz piadosa como usted; ella no ha tenido necesidad de ir a los conventos como usted, a buscar alivio a sus pasiones, en brazos de frailes sibaritas; la hija que ella ha tenido, es hija de su esposo; ¿podría decir usted otro tanto? ella no ha tenido como usted, faltas que ocultar; si yo llegara a casarme, llevaría a mi esposo, un cuerpo y un alma puros; yo salgo de aquí inmaculada, no como salía usted de la sacristía de Santo Domingo, de los abrazos fecundadores del padre Galindo; ¡vieja meretriz usted!

y, al lanzarle este apóstrofe supremo, la joven se apartó un paso, apoyó su mano en el borde de la mesa y miró a su enemiga... su mirada abrasaba.

–Ahora, salga usted de aquí –añadió extendiendo con majestad su mano hacia la puerta.

Doña Mercedes, quedó como herida por un rayo;

al ver la mirada de sus hijos fija en ella; al oír la delación de su deshonra, llevó las manos a su cabeza, dio un grito horrible y cayó en brazos de Sofía, que llorando, miraba asombrada sin comprender, aquella escena.

–¡Qué espantoso! –decía doña Dolores, ayudando a conducir a la señora de la Hoz ya desmayada;

nadie habló una palabra más.

Luisa, viendo que don Crisóstomo anonadado quedaba en el sofá, lo tomó por un brazo, lo levantó fuertemente, y le dio tan solemne empellón, que fue a dar a la mitad del corredor; y, pálida y en pie, quedó sola en medio de la habitación;

y, al verlo alejarse, se lanzó a la puerta y la cerró con estrépito;

entonces la abandonó su valor; llevó las manos al corazón; dio un grito débil; llamó a su madre, y cayó sin sentido contra el suelo.

*
* *

Como un niño juguetón, que suelto el rubio cabello, salta sobre el lecho de su madre, entróse así el primer rayo de sol por la ventana;

inerte estaba la joven;

el rayo de sol, parecía detenerse a mirar aquella virgen desmayada, que semejaba una estatua caída al pie del zócalo, y jugueteaba en su cabellera, y besaba sus espaldas medio desnudas,

beso frío el beso del alba, que había entrado antes, por la ventana abierta, cargado con los perfumes del monte.

Luisa despertó;

con la vida volvieron los recuerdos a su mente; las grandes energías a su carácter;

arreglóse ligeramente el vestido, y llamó;

una sirvienta vino.

–Señorita, ¿qué deseaba?

–Diga usted a Juan, que tenga listo el coche, porque partiré dentro de una hora.

–Está bien;

entonces se puso a la faena;

arregló sus trajes; descolgó sus cuadros; guardó todos los adornos de las mesas;

el cuarto, despojado así, tomó un aspecto frío y triste;

al verlo en este estado, también ella sintió honda amargura;

pasaron por su mente los recuerdos de los días que había vivido allí; su corazón enamorado suspiró;

ya no volvería a soñar en aquel balcón, viendo una sombra querida vagar cerca al arroyo, a la sombra de los árboles;

ya no contemplaría más la puesta magnífica del sol, en brazos de sus cándidas visiones;

paseos de tarde, coloquios a la hora del crepúsculo, botones de rosas sin abrir; todo iba a pasar para siempre...

la idea del olvido que caería sobre ella la aterró;

absorta estaba en estos pensamientos, cuando Sofía entró precipitadamente;

la pobre niña no podía decirle nada; se lanzó a sus brazos y abrazadas las dos lloraron mucho.

–¿Se va usted, señorita?

–Sí.

–¡Ah, qué desgracia para mí!

–Es imposible hacer otra cosa.

–Es verdad, ¡qué cosas han pasado! pero, ¿no está usted disgustada conmigo?

–¡Ah, no! y, ¿por qué iba a estarlo?

–Yo le escribiré, señorita; le contaré todo; yo le demostraré, que aquí Arturo y yo, no la olvidaremos nunca.

–¡Quién sabe!...

–¡Ah! no lo dude usted; la queremos mucho.

–Gracias –dijo Luisa, estrechando a la niña contra su corazón, como si aquella promesa colectiva fuera su última esperanza.

–Está listo el coche, señorita –dijo el sirviente.

Luisa se puso en pie; tomó su sombrero y su abrigo; abrazó por última vez a Sofía; enjugó las lágrimas y salió;

la casa estaba solitaria;

todos parecían dormir;

en el corredor de abajo, las gentes del servicio consternadas esperaban a *la señorita*, para decirle adiós.

Simona, la cocinera, enjugándose las lágrimas con el delantal, fue la primera en hacerlo, y tras ella todas las sirvientas y sirvientes que amaban a aquel ser adorable.

Luisa conmovida los abrazó; entró precipitadamente al coche, dio una última mirada a la casa, y hundió su bello rostro en las manos llorando amargamente;

el coche partió.

–Adiós, adiós –dijeron los sirvientes.

–Dios la lleve con bien.

–Era un ángel.

–Y qué modo de tratarla...

disolvióse el grupo murmurando;

inmóvil quedó Sofía, apoyada en la baranda del balcón, viendo con sus hermosos ojos azules llenos de lágrimas, semejantes a dos violetas húmedas de rocío, el coche que, internándose en las vueltas del camino, envolvióse en una nube de polvo y se ocultó al fin entre las brumas del horizonte, y las lividices sombrías de esa mañana sombría;

al salir el coche al camellón, dejándose atrás el estrecho camino que conducía a la casa, viose un jinete que a todo correr de su caballo, atravesaba los potreros de la hacienda en busca del camino real;

el coche y el jinete, iban en la dirección de las líneas de un ángulo recto, y pronto habían de encontrarse;

el caballo llegó primero; el jinete abrió la *puerta de golpe* y salió al camino;

allí esperó;

el coche no tardó en llegar;

el cochero, que ya había visto al jinete a quien esperaba, empezó a caminar lentamente, y al fin se detuvo.

Luisa, admirada de aquella detención, quiso averiguar la causa, y asomó su cabeza a la portezuela.

Arturo se encontraba allí;

con el sombrero en la mano, se acercó para saludarla; el semblante de Luisa, se iluminó de felicidad.

Arturo estaba sombrío; su rostro de adolescente, sufría la impresión de los grandes dolores, y tenía una expresión de seriedad extraña.

—¿Me permite usted que la acompañe un trecho? tengo que hablarle.

—Está bien —dijo ella, creyendo que había de hacerlo, siguiendo al pie del coche.

Arturo se apeó; el muchacho que acompañaba al postillón, recibió el caballo para montarlo; y el joven abrió la portezuela del carruaje.

—¡Cómo! ¿aquí?

—Sí, señorita; no tenga usted cuidado, es poco lo que tengo que decirle.

Luisa no pudo protestar; Arturo estaba ya sentado al lado suyo, y el coche comenzaba a andar.

—¿Conque nos abandona usted?...

—Y ¿qué hacer?

—Es verdad, mi madre ha sido cruel, pero yo no debo culparla; pero ese hombre... ¡ah! ¡cómo me vengaré!

sus pupilas grises, lanzaron un resplandor siniestro, como la chispa de una hoja de acero chocada con otra en medio de la sombra.

Luisa nada dijo; odiaba a aquel hombre, y encontraba justo aquel odio.

—¡Es un villano!

—Sí.

—¡Cómo sufrí anoche! ¡tuve intención de matarlo! ¡atreverse a ultrajarla así!

–En fin, eso ya pasó.

–Pero usted se va, y yo quedo solo en aquella casa que aborrezco; esperando, ¿qué?: poder independizarme, y entonces, acaso sea tarde; usted me habrá ya olvidado, usted es muy bella, tendrá muchos pretendientes, y la imagen de un muchacho como yo, se borrará fácilmente en sus recuerdos; ha sido un sueño muy corto.

Luisa lo miró fijamente; su mirada era un reproche.

–¿Cree usted eso?...

–Lo temo.

–¡Qué mal me juzga usted!...

–Perdone usted, señorita.

–Yo sí tengo por qué temer; en su casa queda una persona a quien usted quiere mucho, ella se queda y yo me voy; cierta escena que no puedo olvidar, volverá a reproducirse...

–No me martirice usted, por Dios; soy ya bastante desgraciado, yo no puedo querer a nadie más que a usted, y he venido aquí para probárselo así, y para que usted me diga si puedo esperar que no me olvide;

la voz de Arturo vacilaba.

–¡Nunca! –exclamó Luisa;

él, tomó una de las manos de la joven, y la llevó a sus labios: inclinado estuvo unos minutos sobre aquella prenda adorada.

Luisa había dejado caer su cabeza hacia atrás, y se estremecía al contacto de esa mano varonil, que estrechaba la suya;

el joven levantó la frente y la contempló largo rato;

la caricia infinita de toda su ternura, caía sobre ella.

Luisa parecía dormida; los párpados cerrados, tenían una sombra obscura, como si encerrasen adentro dos carbunclos; sus labios temblaban como si orasen; las ventanas de su nariz se hinchaban al soplo de su respiración anhelosa; su seno se agitaba con movimiento rítmico; todo su cuerpo se estremecía; y con la punta de sus dedos acariciaba la mano que tenía la suya prisionera; en aquella naturaleza virgen, el amor y la voluptuosidad se extasiaban hasta el ensueño.

Arturo se inclinó hacia ella, la atrajo contra su corazón, y la besó con ternura incomparable;

al contacto de aquel beso, gimió como una paloma que arrulla; bebió con pasión aquel aliento amado, y se abrazó a su amigo; pero inmediatamente, volviendo en sí, se apartó de sus brazos y dijo:

–No, no, separémonos.

–¡Todavía no! –suplicó él.

–Sí, es preciso;

tiró de la correa que sujetaba al auriga, y el coche se detuvo.

–¡Adiós! ¡adiós! –gimió Arturo, estrechando la mano querida contra sus labios, y cubriéndola de besos apasionados; de lágrimas ardientes.

–¡Adiós! ¡adiós! –murmuró ella, prorrumpiendo en llanto y ocultando su rostro en el pecho de su amante–; ¡adiós! –volvió a decir luego violentamente, retirándose al fondo del carruaje.

–¡Adiós! –suspiró él, envolviéndola en una última mirada, delirante, y cerrando la portezuela;

el coche partió a gran trote;

inmóvil quedó el joven, viendo alejarse así, su amor inmenso;

y, el paisaje, un paisaje de Teócrito, se obscureció a sus ojos, prismatizado por sus lágrimas;

la ola de los recuerdos se desbordaba en su alma, rugiendo al estrellarse en las rompientes del dolor;

montó a caballo y partió;

volvió a su casa, a aquella casa ya vacía para él.

¡Cripta lúgubre, que guardaba el cadáver de su ensueño!

y entró a ella, para ser desde entonces el visionario triste; el poseído eterno de las nostalgias de amor;

el idilio, el blanco idilio, había pasado;

como un paisaje en la bruma, se hundía este sueño de amor;

pasó el poema.

E poi fugge il simulacro, e gli'occhi sgombra
e, novello stupor, la mente ingombra.

———

Segunda parte

Un pueblo árido y frío;

con sus casas rústicas dispersas; su cinturón de sauces, y su alto y desairado campanario, se le veía a distancia en la llanura;

era el pueblo de F...

tenía la monotonía, la soledad, el silencio de los pequeños pueblos de la sabana:

la calle que lo atravesaba por el medio, más que una calle, era un sendero guijarroso y polvoriento en el estío; un arroyo de fango en el invierno;

la niebla fugitiva de los altos cerros, lo envolvía en una densa atmósfera brumosa;

¡oh, cómo es triste aquella altiplanicie andina! y, toda su tristeza parecía condensarse en aquel pueblo de indios, solitario, aislado, melancólico, como olvidado en la sabana inmensa;

en los días que no eran de mercado, la soledad era sepulcral, y sólo se escuchaban después de la Oración, los carros que regresaban de la siega; el mugido melancólico de los bueyes, camino del establo, y el grito de los gañanes, arriando la vacada;

después, la calma profunda, la gran noche silenciosa, el misterio de la sombra, cayendo sobre la llanura dormida, es una quietud religiosa bajo:

Cette obscure clarté qui tombe des étoiles;

... ...

las luciérnagas, esmaltando el prado en fugitiva floración de luz; los escólitos, adheridos al tronco de los árboles, semejando la inmensa columnata de oro de un templo tebano, iluminado por el resplandor de un sol lejano; la luz intermitente de los ventorrillos, y la lámpara del cura, brillando tras el cristal de la ventana, constituían todo el alumbrado en aquel pueblo en tinieblas;

interrumpiendo el silencio, en una psalmodia triste, en una *sinfonía panteísta*, la queja de la noche, esos ecos misteriosos y extraños que parecen la voz de las cosas inanimadas, los últimos ecos de la tarde, vagando en la atmósfera calmada; el arrullo de las palomas llamando al macho, tardo en llegar; las ranas entonando la canción de la noche en las zanjas cubiertas de limo, y la voz de algún zagal enamorado, cantando sus dolores, camino del cortijo; tal era el himno de la noche.

———

Aquel día había sido de alarma en el pueblo;
la gente menuda estaba inquieta;
¡había llegado la maestra!
la casa de doña Casilda, única posada del lugar, había estado la mañana toda, cercada de chicuelos de ambos sexos, ansiosos de ver al *enemigo;*
trabajo había tenido la gorda y vieja señora, para desalojar del mostrador de la tienda y del zaguán de la casa, aquella inquieta turba de rapaces, que, con miradas sor-

prendidas, querían penetrar hasta la sala, donde la monumental dueña había colocado a la recién venida;

la llegada de la nueva *Directora*, era un acontecimiento político, religioso y social;

dominado aquel pueblo por su párroco, fanático, ignorante, con visos de político, había sido hasta entonces, refractario a la admisión de una maestra graduada, la cual era, para estas gentes rústicas, sinónimo de herejía;

la frase de *Escuelas sin Dios*, esa frase mentirosa y banal, arma de espíritus viles, encanto de teólogos papanatas, y recurso retórico de predicadores rurales, habíase tomado en ese pueblo como oráculo, y engendrado en ese rebaño humano, un *santo* aborrecimiento a las Escuelas Públicas;

hasta entonces, había sido preceptora en aquel lugar la *Niña Micaela*, mujer del *maestro* Laurencio, alarife, sacristán y en ocasiones también Maestro de Escuela;

a leer en cartilla, recitar como cotorras la Doctrina Cristiana, y bordar flores chillonas, contra todas las reglas del arte, he ahí lo que esta buena mujer, como todas sus predecesoras, se dedicaba a enseñar a sus silvestres alumnas;

pero el Gobierno, que estaba resuelto a luchar con el fanatismo y a vencerlo, había anunciado a la Autoridad, hacía algunos días, el nombramiento de la señorita Luisa García, para Directora de la Escuela de ese Distrito, y ordenaba darle posesión;

la noticia conmovió aquel escaso público;

el cura juró que le haría la guerra, porque esa mujer debía ser *masona*; pero, después de una o dos conferencias con el Inspector Departamental de Instrucción Pública, venido exprofeso, convino en apoyar la Escuela, siempre que él fuera Presidente de la Junta de Instrucción y Catedrático de Religión; todo le fue concedido;

así, la llegada de Luisa, era sensacional; había aceptado ir a aquel pueblo, triste y semi-salvaje, oculto entre las brumas de la sabana, rechazando las escuelas superiores que se le habían ofrecido, porque sola y sin quien la hiciera respetar, temía las asechanzas de las grandes poblaciones; y, además, no quería exhibir en una sociedad culta, la sencilla rusticidad de su madre.

Natividad, había aceptado la peregrinación con su hija; y asombrada, feliz, como un niño a quien llevan por primera vez al campo, había hecho el camino y llegado al pueblo aquel;

pequeña, delgada, pálida, con una palidez de marfil viejo, sus cabellos negros, caídos en banda a los lados del rostro, tenía el aspecto doloroso y triste; toda su vida se concentraba en sus ojos, unos ojos negros, grandes, melancólicos, de una inocencia virginal, de una dulzura infinita; ojos de corza amontada, llenos de temor salvaje, y en cuyas pupilas en calma, había una serenidad de estanque, más que los ojos de una mujer y una vez madre, semejaban los ojos de un niño enfermo; allí no se retrataban sino pensamientos puros, como albos cisnes mágicos, y claridades de un cielo de azul y blanco, místicos; era la bondad suprema.

Doña Casilda, la dueña de la posada, tenía ya noticia de la venida de Luisa, pues su compadre, el alcalde, le había mandado preparar la comida;

así, cuando sintió que un coche se detenía a la puerta, dejó el cuarto del amasijo en que se ocupaba, y limpiándose las manos, con un delantal capaz de ensuciar por sí solo las de un herrero, salió a recibir a la *mestra* como ella decía.

–¿Conque al fin llegó?; desde esta mañana la estábamos esperando; mi compadre Melchor, me había dado ayer aviso de su buena venida –dijo la dueña, extendiendo su mano a Luisa, con la inocente familiaridad de la gente campesina–; y, ¿ésta es su *mamá*? –añadió viendo a Natividad.

–Sí, señora.

–Su servidora.

–Mucho gusto en conocerla; vamos para la sala; ¿no quieren tomar un chocolatico?

–No, gracias; almorzamos en *Cuatro Esquinas*.

–En *verdá*, no apercataba que ya es muy tarde; ¿y, cómo les fue en el viaje?

–Muy bien.

–Muy feo el pueblo, ¿no?

–No lo hemos visto todavía.

–La niña no se va a acomodar aquí; está muy bonita para este pueblo; ¡mírenla tan relinda! –clamaba la gorda señora, en inocente éxtasis ante la belleza de Luisa;

y, en efecto, estaba preciosa, la agitación del viaje la hacía resplandeciente.

Doña Casilda, era un monumento de carne humana; vista por detrás, parecía un cura o un cerdo sentado; rubicunda, como si tuviese adentro una luz roja de Bengala, semejaba uno de esos faroles de papel, color escarlata, que cuelgan en los pueblos la víspera de alguna festividad; la nariz y la boca, casi desaparecían entre la papada abacial, y las mejillas rubicundas y temblorosas; su cara inmensa, de búfalo apacible, demostraba el más sano espíritu; una tranquilidad completa de alma; un aire maternal atractivo y bondadoso;

habían llegado a la sala, llamada sin duda así, por estar decorada con unos poyos cubiertos con alfombrillas antiguas; tapetitos multicolores, y cueros blanquísimos de oveja; y sobre estos sofás criollos, pendían de la pared, caricaturas de santos, que pasaban por imágenes; cuadros horribles representando a Chactas y Atalas; y mezclados a esta deshonra policroma de la estampería, algunas láminas de Revistas ilustradas, y un retrato litografiado del arzobispo Herrán;

sobre la puerta de la alcoba, envuelta en una gasa negra, había una herejía en colores, que un *pintor* transeúnte, había vendido a la dueña de la casa, como retrato de su finado esposo don Segismundo, muerto sin prever esta calumnia póstuma a su figura; este espantoso sacrilegio pictórico;

una vez allí, Luisa se quitó el sombrero y el abrigo.

Doña Casilda, no estaba habituada a ver aquella clase de *toilette;*

con su camisón de zaraza morado, su pañuelo de Madrás cubriéndole el pecho, otro negro anudado en la cabeza, y sus alpargatas mal calzadas, se hallaba en un período de asombro, contemplando aquella joven tan elegante, cuya cabellera era tanta, que apenas podían sujetarla las horquillas y peinetas; el talle, que podría ceñirse con una liga de la buena señora, si las hubiera usado, y aquella gracia majestuosa que imponía y cautivaba;

el doncel más tierno del pueblo no se habría sentido tan fascinado, por la belleza singular de la maestra.

–Aquí están en su casa; hagan lo que les parezca; yo voy a apurar la comida, y a que le manden a avisar a mi compadre a la estancia, para que haga barrer la escuela –y desfiló la buena mujer a sus quehaceres;

cuando Luisa quedó sola, se acercó a la ventana que miraba a la plaza;

frente a ella, se extendían dos casas pajizas con un largo corredor: eran el local de las escuelas; a la dere-

142

cha, la iglesia, y unida a ésta, una casa de teja, con barandas verdes, que se conocía bien ser la casa del cura; y luego una casa única de dos pisos; a la izquierda, dos casas iguales, que parecían ser la alcaldía y la cárcel;

la plaza toda, tapizada de menuda hierba, tenía en el centro una gran cruz de piedra, restos del coloniaje, en torno de la cual en tiempos españoles, enseñaban a los indios la doctrina, y al pie de la cual los azotaban;

después, a los extremos de la plaza, callejuelas fangosas, que, comenzando allí, se extendían unos centenares de metros por entre casuchas tristes y derruidas, e iban a perderse en senderos del llano que conducían a las estancias vecinas;

la sombra de esa tarde húmeda y fría, caía sobre el cielo y la llanura;

mortal tristeza invadió el alma de Luisa, contemplando aquel pueblo a donde iba a enterrar su belleza y sus sueños; a pasear irremediablemente sola, la melancolía tenaz de sus recuerdos; la nostalgia incurable de su amor;

su alma meditabunda se entregó al ensueño;

y, rememoró todo el pasado, con la magia evocatriz de sus recuerdos;

volvió a sentir aquellas vagas inquietudes con que el amor se anunció en su alma; aquellas tristezas que, como nubes melancólicas, velan el nacimiento del amor; y, uno a uno, fueron brotando sitios y recuerdos, en la imaginación;

aquel banco de piedra, donde se adivinaron el amor en las miradas, entre perfumes del rosal silvestre y murmullos del agua fugitiva; el sitio aquel del árbol caído al pie de la cerca, en donde aquella tarde inolvidable, Arturo vino a confesar su amor; la historia de Sofía y la gruta... ioh, aquella gruta, templo del amor y ensueño pertinaz de su pureza insurrecta!

el beso aquel de Arturo a Matilde; sus celos, sus espantosos celos; el arrepentimiento de él; aquella confidencia en el bosque, y el beso; aquel divino beso de su amor, que abrió ante su alma feliz, la profundidad desmesurada de los cielos;

después, la noche lúgubre, el atentado salvaje; su humillación; la calumnia; el escándalo; su partida súbita...

el abrazo de Sofía; el adiós de Arturo; sus tristezas; sus juramentos, y la última comunión de sus labios, en la ardiente eucaristía de las almas...

luego, la soledad, el abandono, el viaje...

entonces volvió a la realidad de la vida;

los contornos del paisaje se borraban, como las costas de un país de sueños; todo se hundía en la sombra...

el campanario, la iglesia, las pajizas casas, los sauces cercanos, todo se esfumaba en una penumbra gris, en un crepúsculo sin belleza, en una tristeza infinita, en una calma abrumadora;

el cielo tenía profundidades misteriosas, trasparencias de ópalo; y jirones de nubes blancas cruzaban como sudarios desgarrados, por el pálido horizonte, y un viento helado, ráfaga de los páramos cercanos, hacía más triste aún, la muerte de esa tarde brumosa sin rumores y sin luces...

la joven levantó la cabeza y miró el cielo;

como una floración de nardos enfermos, las estrellas brillaban con una luz pálida, en el fondo plomizo de los cielos;

y, en ese índigo cuasi laca, una estrella brillaba como un gran jacinto de Compostela, con sus pétalos rojos encendidos; era *Venus*, la estrella amada; aquella de los crepúsculos queridos, la de los sueños de amor...

*
* *

Era el sábado día de mercado y de visitas; Luisa, tras-
ladada ya a la casa de la Escuela, había embellecido
aquella ruina húmeda y triste;

cerca al salón de enseñanza, y en una de las dos piezas, que para ella y su madre había escogido, estableció
su *salón de recibo*;

con bancos de la escuela, forrados en alfombrillas, y
adornados con cojines de seda y de lana, hizo sofás; de
dos grandes cajones que habían venido con libros, y que
forró con una tela azul, y adornó con *macasares*, hizo
consolas, y las llenó con retratos de lujosos marcos, con
floreros, y las mil baratijas que cargaba consigo; allí fueron colocadas las dos lámparas de sobre mesa, lujo inusita-
do en el pueblo, como las blancas y lujosas cortinas con
que adornó las ventanas y la puerta de la alcoba, la que,
entreabierta, dejaba ver los lechos blancos y cómodos;

el retrato de su padre, presidía gravemente en la sala
estas innovaciones de su hija, y en la faz del pobre de-
portado, vagaba algo como una sonrisa cariñosa;

la luz misma parecía alegrarse al entrar a aquel humilde nido, coquetón y silvestre;

en él, Luisa distraía sus tristezas, y en el estudio y el
trabajo mitigaba su dolor;

en aquel rincón iluminado, soñaba ella;

allí fue donde recibió la visita del señor alcalde, gor-
do y rojo, como para hacer *pendant* con la posadera del

145

lugar, vestido con su ruana a grandes listas, su inmenso sombrero de jipijapa, y sus botines amarillos; la de la esposa del alcalde y sus dos hijas, y la del señor cura, quien, como presidente de la Junta de Instrucción, creyó de su deber visitar a la directora;

¡qué sorpresa y qué temor se apoderaron de Natividad, cuando vio entrar al párroco!; su educación humilde, y su fanatismo religioso, le hacían mirar aquel hombre como una cosa santa; temblando se atrevió a tomar la mano que el presbítero le extendía;

era el señor cura, joven, alto y airoso, de voz ronca y mirada atrevida, labios sensuales y sanguínea complexión;

ceñida al talle la sotana, bastante alta para dejar ver la finísima media de seda, y el primoroso zapato charolado con grandes hebillas de plata, era por su continente y su cuidado, uno de esos sacerdotes de última emisión, a quienes ha tocado llevar el traje de los *abates* franceses.

Luisa lo recibió amable y digna;

hablaron de instrucción y de religión;

la piedad de la joven, era más ilustrada que exaltada; su fe no tenía la pureza prístina de la que abrigarse pudiera en el alma sin luces de su madre, pero se guardó bien de hacer notar al presbítero ni el estado de su alma, ni la superioridad de su talento; encantado y deslumbrado sintióse el cura;

el antiguo opositor, quedó desarmado; y en la plática del domingo se encargó de hacer la apología de la escuela y de la directora.

Luisa triunfaba;

pero, ¿qué importaban esos triunfos silenciosos a su alma enferma y triste?

así, todas las tardes, cuando terminadas sus tareas quedaba sola, queriendo buscar distracción en la lectura, tomaba uno de sus autores predilectos, y sentada en el corredor que daba a la plaza solitaria, intentaba leer; poco a poco sus pensamientos la dominaban; el libro se caía de sus manos, y se entregaba a sus dolientes remembranzas; su mirada, como perdida en las brumas del horizonte, cual si siguiese el capricho de una nube, veía aquel cielo de matices azulosos, con intervalos de trasparencias blancas, misterioso y profundo, hacia el oriente, pálido, con tintes nacarinos al ocaso, y como jirones de la púrpura de un César arrastrado por el pueblo, los últimos rayos del sol, rojo y vacilante, iluminando la campiña lóbrega;

entonces cerraba los ojos y se entregaba a sus sueños; su amor, su inmenso y grande amor la poseía;

¿qué harían en *La Esperanza*? esta era la hora en que, asida del brazo de Arturo, y seguida de Sofía, regresaba lentamente a la casa, arrullada por las últimas palabras de amor, y bebiendo la pasión, en aquellas pupilas adolescentes y tempestuosas;

¿qué había sido de aquel primer poema de su vida?

el tierno idilio había pasado, y hoy consumía su juventud en lejana aldea, sola, soñadora y triste; entonces sus ojos se llenaban de lágrimas, se ponía en pie, y entraba silenciosa en busca de su madre;

en una tarde de aquellas, cuando se mecía en pleno sueño, fue despertada por una voz que decía en el corredor mismo;

–Buenas noches, señorita.

–¡Mauricio! –exclamó reconociendo al muchacho que cuidaba los caballos en *La Esperanza*.

–¿De dónde vienes?

–De la hacienda; el niño Arturo me habló para que trajera unas cartas de la niña Sofía.

–¿Y, don Crisóstomo, y doña Mercedes?

–Ellos no saben nada; ya su merced sabe que el niño Arturo tiene confianza en mí– y diciendo esto, el indio miró cariñosa y socarronamente a Luisa.

–¿Y todos están buenos?

–Todos, sólo el niño Arturo estuvo enfermo.

–¿De qué?

–De una fiebre que le dio precisamente al día siguiente de haberse venido su merced; y le dio por caprichoso, porque le dio por no acostarse, y se la pasó toda la noche en el jardín y se *alunó*.

–¿Pero está ya bueno?

–Sí, señorita, el doctor Rueda lo *paró*.

–¿Y, Sofía?

–Ella buena y muy triste también.

–Los demás.

–El amo Crisóstomo, se fue para Bogotá, y no ha vuelto; la señora está buena, y la niña Matilde lo mismo; aquí están las cartas –añadió después de habérselas sacado de entre un pañuelo que llevaba en la copa del sombrero.

Luisa se las arrebató más que tomarlas, y entró en la sala; temblorosa, no acertaba ni a encender la lámpara; y deseosa de estar sin testigos, aunque su madre no sabía leer, la llamó.

–Mamá, mamá.

Natividad ocurrió.

–Hágale preparar algo de comer a Mauricio, que viene de *La Esperanza*;

una vez sola abrió las cartas;

uno como olor de violetas, y uno como tinte de tristezas, se escapaban de aquellas páginas tan puras y tan sinceras:

«Señorita –decía Sofía:

»Al fin Arturo se ha levantado y podemos despachar a Mauricio.

»¡Qué tristes hemos estado! La casa es un desierto desde que usted se fue: mi papá está en Bogotá; mamá no sale de su cuarto; Matilde no quiere vernos porque hablamos de usted: Arturo estuvo muy enfermo diez días con una fiebre violenta. ¡Qué angustia tuve!; yo creí que iba a morirse: ¡Pobrecito! deliraba mucho, y no deliraba sino con usted; la llamaba a gritos; decía horrores contra papá; se ponía tan furioso, que eran necesarios dos sirvientes para sujetarlo.

»Felizmente todo eso ha pasado: Arturo está ya mejor, aunque muy débil; está inconocible; no es ni la sombra del Arturo de antes. La nostalgia lo mata. Yo hago por distraerlo, paseamos juntos; hablamos de usted, y vamos a sentarnos al banco aquel donde nos sentábamos todas las tardes, cuando usted estaba aquí, pero allí se entristece más y llora mucho. ¡Ah, cómo la quiere a usted! Él, vacilaba en escribirle, y yo lo he animado: Contéstele, señorita; su silencio lo mataría.

»Es a escondidas que escribimos estas cartas y despachamos este peón; Arturo va con ellas a esperar a Mauricio en la venta de Laurencio, para dárselas allí, y que salga esta misma noche; por eso no escribo más largo.

»Adiós, señorita, adiós: Escríbanos. No nos olvide, ya que nosotros la queremos tanto.

»SOFÍA.»

Apenas si leyó Luisa esta carta ingenua y melancólica; su corazón iba hacia aquella que estrujaba cerrada entre sus manos;

al abrirla, cayeron sobre la mesa las hojas amarillas de una rosa; las llevó a sus labios, besó después la carta y comenzó a leer; era la de un niño enamorado y triste, sencilla, apasionada, tierna.

«Señorita –decía:

149

»Perdone usted si me atrevo a escribirle sin autorización suya. No me siento con fuerzas para callar más largo tiempo. Es mucho lo que he sufrido y lo que sufro.

»¡Qué noche aquella la noche de su partida! No había luna y llovía a torrentes. La noche y el agua me sorprendieron sentado en el banco aquel, frente a la ventana de su cuarto, recordando noches más felices y pensando que acaso no volveré jamás a ser dichoso. *Leal*, mi único compañero, aullaba a mis pies, como si notase su ausencia y comprendiese mi dolor. Al día siguiente amanecí enfermo. Diez días estuve entre la vida y la muerte... ¡Dios sabe que deseaba morir!

»¿Para qué vivir ya después de lo que ha pasado? Si yo tuviese seguridad de ser querido por usted, amaría la vida, pero, ¿qué derecho tengo a esperar que eso suceda? Usted es joven, inteligente, bella, se casará muy pronto y se avergonzará entonces de haber dado oídos a un muchacho como yo. Esta es la idea que me mata. Yo no sé cómo es ese pueblo, pero aborrezco ya a todos los mozos de allí. Pienso irme a Bogotá, porque todo aquí me es odioso. Si no hubiera sido por la *Gaceta* que usted mandó, y en la que publicaron su nombramiento, ¿cómo habríamos sabido de usted? Yo pensaba, apenas me repusiera, ir a casa de su mamá para preguntarle por usted o verla si estaba allí.

»Quisiera decirle muchas cosas, pero no sé escribirlas. ¿Ha pensado usted en nosotros? ¿Se ha acordado alguna vez de mí? Aquí, para mí la vida es un martirio, porque todo me habla de usted y todo está poblado de recuerdos suyos, recuerdos que hoy me son tristes. El banco del jardín y el tronco de sauz de las lavanderas, son los lugares a donde voy a entregarme a mis pensamientos. ¿Se acuerda usted de aquel último sitio? Yo no lo olvidaré jamás. ¡Cuántas rosas amarillas han nacido y se han marchitado desde que usted se fue! Yo las hago regar y las cuido, porque me parece que tienen algo de usted y saben algo de mi desgracia. Sofía parece comprenderlo así, porque las cuida también mucho. ¡Qué hubiera sido de mí sin esta hermana cariñosa! Los dos vivimos aislados y nos apartamos de todo para hablar de usted; ella me ayuda a sufrir y me consuela. Ha sido ella quien me ha animado a escribirle. ¿Me contestará usted? ¡Oh! ¡qué feliz sería con una carta suya! Sea usted generosa y escríbame: Pruébeme que usted se acuerda alguna vez de mí, ya que yo no dejo un momento de pensar en usted y no dejaré de hacerlo mientras viva, porque la amo mucho, mucho...

»Arturo.»

La joven acercó de nuevo el papel a sus labios; estaba húmedo de sus lágrimas; leyó y releyó la carta querida; volvió a leer la de Sofía; y, como arrullada por este himno de afectos, cerró los ojos y lloró dulcemente.

–¿Qué tienes? –dijo Natividad entrando.

–Que soy muy feliz.

–¿Por qué?

la joven comprendió que había dicho demasiado.

–Porque supe de Sofía, a quien quiero mucho.

Natividad se dio por satisfecha;

su hija estaba contenta, ¿qué más quería?

Luisa estuvo escribiendo hasta muy tarde; deshojó una rosa, escribió algo en uno de sus pétalos, y lo puso en la carta de Arturo; después se fue al lecho, y se durmió sonriendo de amor, y apretando contra su corazón las cartas humedecidas por sus besos.

*
* *

Mientras Luisa escribía, miradas extrañas la espiaban; corazones amantes suspiraban cerca de ella;

hay almas que se duermen en el ensueño, como en la nube el águila polar; la tempestad las mata, no las asombra; mueren en pleno éxtasis, se hunden en la bruma después de haber vivido en la nube; no sienten la aproximación de la penumbra, entran en ella por la puerta del silencio, en la barca gris de los sueños luminosos;

¡almas fuertes y bellas!

abrazadas a una pasión única, viven de ella, se absorben en su culto, se la ciñen como un cilicio, y ascetas formidables, de rodillas ante su ídolo, insensibles a su martirio, llegan a sentir la voluptuosidad de sus dolores;

como el cóndor lleva su presa a la cima abrupta, se refugia en la soledad, y allí la devora celoso, estas almas se apoderan de su amor y se aislan con él en un culto solitario;

como el Fénix del Arabia, viven en el fuego: su pasión las ilumina, no las quema;

a una alma así, deslumbró Luisa con el esplendor de su belleza, inspirando una pasión semejante, a Carlos, el hijo del alcalde;

su hermosura de Circe tentadora, unció a su carro el triunfo, aquella alma inocente, la que desde entonces fascinada voloteó sin cesar en torno suyo;

su culto silencioso, fue el del vespertilio por la lámpara sagrada, siempre girando en torno de ella y siempre lejos...

mocetón de veinte años, alto, moreno, robusto, todo en él era exuberante: sus cabellos, sus cejas, su naciente bozo negro, sus puños atléticos, su constitución hercúlea, su aspecto rebosante de bondad y de fuerza;

la impresión que le había producido Luisa era la de un deslumbramiento; de pie, estaba en el atrio de la iglesia, el último domingo, poco antes de la misa, con otros mozos del pueblo, cuando vieron entrar la escuela de niñas, y tras ella la directora;

la belleza imponente de ésta, la elegancia de su traje, su manera de andar, todo era nuevo y sorprendente para aquellos jóvenes campesinos; se quedaron como si el sol les hubiese pasado a un metro de las pupilas;

alelado estaba todavía Carlos, cuando su padre lo llamó, pues la misa iba a principiar, y él era el organista;

por más de tres veces se equivocó aquel día, en sus cantos y en sus notas, con inmenso desagrado del cura, que se había propuesto hacer gorgoritos en la misa cantada; no habían echado aún la bendición, cuando ya estaba en el atrio esperando la salida de la escuela; y cuando Luisa pasó cerca de él, le provocó casi plegar las manos como si hubiese pasado en su andas doradas la Virgen del Carmen, que era la patrona del pueblo;

aquel día no pudo ni parar mientes en el regaño con que lo abrumó su padre, por los olvidos en el coro; no tuvo una mirada para su prima Lastenia, a quien cortejaba desde la escuela; no recorrió el mercado, como los otros domingos, haciendo conquistas de indias para la hora de la tarde, en las afueras del pueblo;

sentado en un banco a la puerta de la casa munici-
pal, desde el cual veía bien el corredor de la escuela, se
pasó las horas del día; allí lo encontró su padre, cuando
éste salió a almorzar cansado de oír demandas en la alcaldía; y allí lo halló también, cuando a las cinco de la
tarde cerró la oficina; vinieron desde entonces para él,
las noches sin sueño, las nostalgias sin nombre, las de-
sesperaciones, las laxitudes, las ilusiones y los anhelos,
de esa fiebre encantadora y triste que se llama el Amor;

amor de veinte años, fresco y puro como una mañana primaveral, amplio como el horizonte que lo circula,
pasión casta y primitiva, que se desbordó en él;

no era ese amor lascivo y novelesco, de los jóvenes
de ciudad, mancillado con besos de meretrices y abrazos de sirvientas: amor de deseos torpes, y remembranzas de novelas crudas; amor marchito, nacido en corazones gastados y sin fuerzas, para producir esas grandes
pasiones que llenan, embellecen y acaban con una vida;
así no era su amor;

culto no confesado; mientras mayor era su concen-
tración, mayor era su fuerza; crecía en el silencio que
es feraz, y el aislamiento que es fecundo; ¿cómo atreverse a confesar su amor? de pensarlo no más se estremecía; ¿cómo arrancarlo entonces? ¡oh, no, no lo quería
tampoco!; consumirse en esa llama era su ideal;

cuando en las noches, acompañaba a sus dos hermanas a visitar a Luisa, llegaba al colmo de la dicha; los
sencillos trajes de la joven, le parecían atavíos de reina;
sus respuestas agudas, su amabilidad exquisita, los versos armónicos y tiernos que recitaba, su canto apasionado y fuerte en el pequeño armonium de la escuela,
todo lo fascinaba, haciéndolo presa de una especie de
somnambulismo, y era feliz durmiéndose después con el

recuerdo de aquellos ojos, y al rumor de aquella voz que sonaba en sus oídos, con el ruido apacible y triste de esas fuentes que van por la sabana, rumorosas y alegres, por su lecho de adelfas y de gramas;

otras noches, no pudiendo conciliar el sueño, tomaba su tiple, invitaba a algún amigo, e iba bajo la ventana de Luisa a entonar una de esas serenatas apasionadas y melancólicas; uno de esos *bambucos* colombianos; tristes como el *yaraví* del indio, ardientes como el beso del terral; versos y música hechos para hacer soñar y sufrir a las almas sensibles;

y, cuando callaba, el eco de su voz varonil y robusta, esparcida en cadencias, iba a perderse en el aire calmado, bajo el cielo brumoso, en aquellas lontananzas indecisas y vagas, de la sabana.

*
* *

Pasión tempestuosa, pasión muy distinta, había también inspirado Luisa a otro corazón, que cerrado debía estar para el amor;

su belleza de Psiquis adorable, hecha como para la contemplación artística, había despertado, y hacía rugir la bestia humana, en el alma del Ungido del Señor;

joven, ardiente, apasionado, este *Jocelyn* silvestre, había sentido todas las tentaciones del deseo, los gritos desesperados de la carne, a la vista de aquella hembra modelada para el amor y creada para el beso;

él, que por haber hecho de su castidad una quimera, creía domado su corazón, despertaba en el fondo del abismo;

ciego hasta entonces, tropezaba con la vida en la única forma sensible: el amor.

Creced y multiplicaos, había dicho el Dios de su Biblia.

Amaos los unos a los otros, había dicho el Apóstol;

había algo más que la cópula y el pecado que absolvía diariamente: había el amor;

nacido en un pueblo remoto, hijo de madre infeliz, recomendado a un sacerdote, fue a los trece años encerrado en un seminario: y allí, entre el rezo y el latín, ajeno a la ciencia, aprendiendo a fingir la virtud, y a odiar la libertad, sintió deslizarse su adolescencia, y vio despuntar su juventud, hasta que un día, a los veintitrés años, le atusaron el cabello en la coronilla, le untaron aceite en la cabeza y en las manos, y así, atusado y graso, lo echaron por allá, a un pueblo pequeño, para ser pastor de un rebaño de almas;

hoy tenía veintiséis años; no había sido ni casto ni escandaloso: había habido en sus faltas, continencia y sigilo;

su animalidad desbordante, lo hacía lujurioso; su hipocresía de secta, lo hacía cauteloso; el gran pecado, el *Escándalo,* no lo había cometido él;

el placer le había revelado que tenía sexo; el amor venía a revelarle que tenía alma;

las torturas, las espantosas torturas de esa pasión devoradora, cayeron sobre él;

falto de cultura, no podía sublimizar la pasión en cantares de un misticismo lujurioso, haciendo arder su alma como un pebetero, a los pies de la gran Bestia idealizada, prorrumpiendo en letanías de un histerismo rimado, como San Juan de la Cruz, o Santa Teresa, ni esparcirlo en fórmulas ampulosas de una moral tardía, como San Agustín, ni macerarse el cuerpo pecador con el azote, que es el más poderoso de los afrodisíacos, como lo hacía San Gerónimo, ni dedicarse al modelo epistolar, como Abelardo, contra lo cual protestaba su virilidad exuberante;

sanguíneo, fuerte, voluptuoso, su amor fue una sexualidad desesperada;

intentó luchar;

la ausencia, la oración, el ayuno, todo lo ensayó; fue en vano;

demasiado hombre, es decir, demasiado débil, volvía a caer; ¿en qué pecado? en el pecado del deseo;

y, en el silencio de su oración, en el momento aquel en que contrito, de rodillas ante su Dios, se golpeaba el

pecho pidiendo perdón, entonando el *Clamabit*, era *ella,*
la radiosa imagen, la que se alzaba detrás del Cristo lívido, ante el cirio crepitante, como una inmensa oblación
de amor, brindándole sus senos desnudos, el lujo de sus
formas tentadoras;

en los días de su ayuno penitente, era su recuerdo,
el deseo de su cuerpo, el que pasaba agitando sus carnes debilitadas; y, en sus insomnios, era *ella,* ella la adorada, la que se le abrazaba al cuello, lo quemaba con
sus ojos, lo devoraba con sus besos, y se extendía a su
lado desnuda, como la virgen moabita, en el lecho del
viejo labrador;

pálido, jadeante, se levantaba entonces como para
expulsar de allí la satánica visión, el monstruo, la gran
Hidra poliforme... y, apoyando su frente contra el cristal
de la ventana, con el aire extraviado de un presidiario a
la puerta de su reja, permanecía absorto horas enteras
mirando en la sombra; ¿qué? La casa de Luisa;

y, la gran *Tentación,* el vaso de carne, la copa de deseos que creía haber dejado sobre el lecho, se le aparecían entonces allá, a lo lejos, con blancuras diáfanas, con
transparencias de ópalo, bajo la arcada misteriosa de los
sauces; a la sombra de glifos y capiteles de nubes; en la
caprichosa arquitectura de los bosques, ofreciéndole sus
labios, el esplendor de sus carnes desnudas; allí, sobre
la grama húmeda, a la orilla de los fosos, convidándolo
al amor, sobre el campo florecido, bajo aquel cielo estrellado, en el ideal del refinamiento y del misterio...

y, luego, la visión se alejaba lenta, pausadamente, con
la cabellera negra, coronada de orquídeas del monte,
destrenzada bajo las caricias de los dedos de la noche;
destacándose como una flor de nieve sobre la campiña
verde; llamándolo para lejos, más lejos, a la profundidad

de los bosques, entre los matorrales impenetrables, hacia blandos lechos de musgos olorosos, a la gran cópula carnal, al beso irremediable...

y, como un Silvano loco, íbase en pos de la ninfa floral de sus anhelos;

la campana de la torre sonaba entonces; era el alba;

devoraba la plegaria, como si temiese profanarla, murmurándola, con esos labios mancillados de tantos besos impuros al fantasma del Pecado;

enflaquecía por instantes; se hacía enfermo;

la vieja mujer que lo cuidaba se alarmó por su salud; ni comía, ni bebía, ni había vuelto a preguntarle, qué nueva zagaleja fácil había en el lugar;

en las noches, lo oía pasearse agitado por su habitación, hasta clarear el día; y cuando venía a llamarlo, lo hallaba echado sobre un sofá, intacto el vestido; las huellas del dolor y del insomnio en la faz;

así se acercaba al altar, con la cabeza baja, como si tuviese vergüenza; hosco, como si un despecho inmenso le royese el corazón: era el remordimiento de sus noches pecaminosas, de su cópula estéril con una sombra;

en el templo, su exaltación mística se hacía carnal; cuando en la tarde, a la luz del crepúsculo dorado, entonaba la *Salve*, rodeado de niños, puros como pétalos de azucena, el espanto de sus visiones volvía a su mente; brotaban en torno suyo, como en una floración monstruosa de sangre y de placer, las rosas ardientes del jardín de su concupiscencia;

rojas se hacían las rosas inmaculadas, las rosas blancas que adornaban el trono de la Virgen; rojas las aureolas de los santos; roja la paloma mística, como chamuscada por un incendio; rojas las estrellas del *plafond*; rojo el cielo...

y, en medio de este rojo centelleante, más roja aún; cárdena, incendiada, alzándose sobre un tallo de fuego, como la corola de una llama, abría sus pétalos ígneos el lirio rojo, la flor monstruosa y sangrienta: el Estupro;

era el cáliz del deseo, repleto con la sangre del Sacrificio;

y se cubría el rostro con las manos, y cerraba los ojos fingiendo orar;

del fondo rojo de sus visiones; en aquel horizonte purpúreo como el *velum* del antiguo Circo; de en medio de ese enjambre de pétalos fulgentes surgía *ella*, desnuda, blanca, lasciva, tentadora, ondulante, como la Salomé de Gustavo Moreau, con los ojos medio entornados la mano en los senos, llamándolo al amor, en aquella decoración de Infierno, cual si le anunciase placeres infinitos, condenaciones irremediables;

y, ascendía así, entre los colores vibrantes y las voces alegres de los niños, que clamaban ¡Salve! ¡Salve!; en uno como himno rojo a su belleza, un cántico triunfal, una apoteosis sonora de sus carnes; y, aquella flor de la concupiscencia, se perdía entre las nubes del incienso, como si se hundiese en el foco del sol, entre las claridades ígneas y los ecos místicos del Templo;

otro día, con las palideces de una mañana invernal, cuando todo era blanco en el Santuario, blanca la luz que a través de los vidrios penetraba, blancos los velos del altar, blanco el traje de la Virgen, blancas las flores del campo, que en muda adoración, abrían sus cálices, blancas las vestiduras que él tenía celebrando la fiesta de una Santa Virgen, en el momento solemne en que alzaba la hostia consagrada, palideció temblando; enrojeció luego; giró la vista a todos lados como pidiendo auxilio; después tragó la hostia con apetito animal; apoyó la cabeza sobre el altar y quedó como anonadado, en oración penosa...

era que en aquel instante supremo, cuando invocaba su Dios para hacerlo descender al Pan Eucarístico, entre las nubes de incienso y las blancuras inmaculadas del altar; de entre el círculo níveo de la hostia, como emergiendo del cáliz de un lirio blanco, había surgido *ella*, la pertinaz visión, tendiéndole los brazos y los labios...

y, había vacilado primero; y después, había ido hacia *ella*, devorándola así, en este beso sacrílego y brutal, en esta comunión nefaria de la carne, en este deliquio inmenso de su amor...

después, la visión se hizo continua;

el sacrilegio fue cuotidiano; era una especie de misa negra, misa sádica, la que celebraba él, en estas nupcias diarias con su Quimera;

y, en las tardes, sentado en el corredor que daba a la plaza, con el Breviario en la mano, pasaba horas enteras, con la vista como alelado, fija en la casa de la *Escuela*, hasta que el toque de *Angelus* le ordenaba entrar, cuando ya la sombra, como amiga cariñosa, descendía, trayendo la paz y el silencio a la llanura inmensa;

otras veces, tenía hoscas insurrecciones de conciencia;

¿por qué no soy un hombre? se preguntaba;

¿es justa esta ley que me prohibe el amor del cuerpo y el del alma?

¿por qué condenarme a la castidad de los actos, y a la esterilidad de los afectos? ¿por qué teniendo sexo y corazón, le dicen a mi alma y a mi cuerpo: no amarás?

¡oh mutilación! ¡oh soledad! ¿por qué si sois el bien, no sois la paz?

¡oh Fe! ¿por qué no llenáis este vacío?

¡oh Religión! ¿por qué, si sois nuestra blanca desposada, no matáis las tentaciones de la carne?;

comprendiendo que blasfemaba, se callaba entonces;

¿qué sería yo sin la Iglesia? se decía: un sirviente; acaso un criminal o un mendigo; sí, pero el sirviente, el mendigo, el criminal, son hombres; el sacerdote, no;

con la cabeza entre las manos, perseguido por sus pensamientos, se le veía a veces estallar en sollozos y caer desfallecido por la lucha.

–Señor, Señor –decía, mirando al Cristo–, ¿por qué no me salvas?;

¡oh Cristo! ¡oh mi Cristo! exclamaba con la desesperación del Fausto de Marlowe; no conociste los tormentos del amor; dicen que tú no sentiste las tentaciones de la carne;

y, abriendo su sotana, gritaba: ¿si no eres un escudo, para qué me sirves? ¡oh negra vestidura! ¿por qué no me purificas?...

y, desesperado, se arrodillaba en su reclinatorio, y posaba sobre él la frente, intentando rezar;

después... en el silencio profundo, en la soledad inmensa de la aldea, como el gemido de una fiera moribunda, se escuchaban salir de la casa cural, las quejas, los sollozos, los gritos de aquella alma torturada...

*
* *

Todo tendía a enardecer la pasión que agobiada a aquel espíritu insurrecto: la serena actitud de Luisa, su corrección irreprochable, las fórmulas de frío respeto en que se encerraba para con él.

–¿Amará a alguien? –se preguntaba;

él había sondeado el fondo de aquella alma, y pura la había encontrado como el alma de un niño;

él, había entrado en aquella conciencia, y la había hallado casta y sencilla, estremeciéndose bajo el aliento de las preguntas capciosas del confesor, que aventaban en ella, un extraño viento de corrupción;

sintiendo separado apenas, por la débil reja, aquel cuerpo de virgen, que sabía que estaba intacto, ajeno a las caricias atrevidas del amor; aquel seno que el temor piadoso hacía latir; bajos por el pudor, aquellos ojos que eran el delirio de su alma; temblorosos por la plegaria aquellos labios, por cuyo beso hubiera dado la vida; y cerca de él, acariciándolo, aquel aliento perfumado, que, como viento caliginoso, soplaba sobre su lecho solitario, en esas noches de tempestad horrible de deseos, se perturbaba, se estremecía, y como extraviado por la fiebre, explorador de aquella alma que codiciaba, misionero sin freno, rasgaba en nombre de Dios el velo del pudor; y asombraba aquella alma virgen con el atrevimiento de sus preguntas, con el escándalo de sus suposiciones, con

163

sus palabras llenas de sombras, con sus frases que equivalían a un tocamiento...

la primera vez, la inocencia de la joven, se asombró sin comprender; la segunda, sintió pavor viendo aquella asechanza; la tercera, se indignó, y levantándose de aquel tribunal que la mancillaba, no volvió a acercarse a él;

no era la fe la que la había llevado allí; era el respeto a las creencias populares; la necesidad de que sus discípulas, la vieran ir con ellas a la mesa del Señor, y evitar así que el fanatismo explotara en contra suya, la dignidad de su alma;

cuando el presbítero comprendió que había asustado a la joven, tuvo temor, se hizo serio por unos días, y doctrinó severamente contra la corrupción en la escuela y en el púlpito;

después, volvió a las andadas, ya con más audacia; aguijoneado por el deseo creciente, y el amor propio herido;

sus miradas frente a Luisa, carecieron de la beatitud acariciadora que antes las velaba; su voz se tornaba confidencial, con vibraciones de pasión, y sus frases se hacían de una transparencia en que el atrevimiento no tuvo ya velo ninguno: el hombre aparecía; el sacerdote rompía el sayal, y entraba en la liza abierta del amor.

Luisa tuvo miedo: ¿a quién consultar en su inquietud?

su madre, espíritu sencillo y casto, no llegaría sino a alarmarse, sin poder iluminarla en aquel trance; se refugió en su dignidad;

su seriedad, de fría se hizo hosca; su cortesía se tornó displicente, y sus respuestas acres y severas, ponían en desconcierto al sacerdote soberbio;

éste, llegaba al frenesí de la pasión, y las cartas se sucedían a las cartas; los regalos a los regalos.

Luisa los devolvía, las unas, sin abrirlas, los otros, sin tocarlos; y, su horizonte se hacía sombrío;

desamparada en aquel pueblo; frente a aquel que podía ser su enemigo poderoso; llena de piedad para Carlos, que hubiera dado su vida para salvarla, pero a quien ella no amaba; no había en medio de tanta sombra, más que la luz ardiente de su amor;

la correspondencia de Arturo y de Sofía, era su único consuelo; era amada, sí; tenía la certidumbre de ello;

cada carta de Arturo, era un grito sincero de pasión primitiva, desbordante, única;

empero, aquel amor era su encanto, no su escudo; la deleitaba, no la amparaba; era un sueño, no una fuerza; y en la lucha, la fuerza es todo.

*
* *

La tempestad gruñía lejos, amenazando siempre la tranquilidad de Luisa.

Doña Mercedes, no olvidaba la herida hecha a su orgullo: la vergüenza infligida en presencia de sus hijos: don Crisóstomo, como aletargado en su pasión insensata, la exasperaba; Arturo, soberbio e indócil por su amor contrariado, se le hacía insoportable; Matilde, despreciada y celosa; Sofía, indiferente; todo hacía aumentar el odio y el despecho, en aquel corazón egoísta y perverso.

Luisa era para ella la gran culpable; ella había deslumbrado a don Crisóstomo, seducido a Arturo, fanatizado a Sofía, desesperado a Matilde, y, sobre todo, descubierto su pecado; su espantoso pecado, que creía tan oculto; y, eso en presencia de sus hijos y de los extraños;

¡oh, la maestra, la perversa maestra! con su belleza satánica; la plebeya con sus modales de gran señora; ese producto de la época; esa *Normal* tan odiada, era la causa de todo... ¿cómo vengarse?

Doña Mercedes era religiosa, y como tal necesitaba castigar, para ejemplo, para moral, y para que las madres de familia no vieran a su turno, invadidos sus hogares por esta secta peligrosa; descubiertos sus pequeños secretos, y rebajado su nivel aristocrático, por estas muchachuelas que osaban creerse sus iguales;

¡oh, la Moral! era preciso salvaguardiarla;

¡la Moral, sobre todo!

esas hijas del fango, llevaban mala sangre, aunque no fueran hijas del pecado;

flores de carne; de hálito corrompido, lo envenenaban todo, como esas grandes flores de la montaña que concentran en sí todos los venenos, y son con sus pétalos blancos la floración de todos los miasmas;

la sociedad se perdía; sí, la vieja sociedad santafecina estaba herida de muerte;

¡oh, vieja sociedad de nuestros padres! placidez sublime, ignorancia santa, aristocracia mestiza, hipocresía salvadora: todo pasaba; nada quedaba en pie; ¡qué de cambios había visto la buena señora, en los últimos veinte años de su vida!

¡un viento de destrucción, había soplado sobre la tierra!

las comunidades religiosas, santos asilos de la paz, puerto para ciertos corazones náufragos, habían sido destruidas: y de la de Santo Domingo, de aquella escuela de Predicadores, que habían aplacado sus nervios, y sosegado su alma inquieta, no quedaba nada;

últimos cisnes de la Iglesia, la ola tumultuosa los sacó del tranquilo estanque, y su blanca silueta se había perdido en el horizonte, borrada por la secularización, la apostasía, o la muerte.

Santa Clara, Santa Inés, El Carmen, La Concepción, todos esos manicomios religiosos, nidos de histéricas inocentes, tumba de historias sombrías, se habían cerrado también;

místicas palomas del Señor, el hálito de la tormenta las arrojó del nido, y volvieron al mundo, o fueron a posarse en otros climas, a la sombra de otros templos, amenazados también por la tormenta;

J. M. Vargas Vila

la ola de la canalla subía...

los *negros* venían al Congreso; los obreros se llamaban artesanos; el pueblo usaba zapatos; ¡oh, esto era monstruoso! todo era invasión extraña; al chocolate espumoso, lo iban suplantando el café odorífero, y hasta el té blondo; las tertulias daban el puesto a los bailes; las mujeres de mala vida, iban al teatro; ¡oh vergüenza!;

pero, de todas estas plagas, que, como las de Egipto, habían caído sobre la patria, ninguna más odiosa que las *Normales;*

ella lo había dicho siempre; parecía que su corazón le hubiera advertido, que una de esas advenedizas le sería funesta;

¿no era una de esas mujeres la causa de todos sus actuales dolores? sí: una de ellas, tenía la culpa de que don Crisóstomo, fuera libidinoso como un Jaime Ferrand, de Eugenio Sue; de que Arturo, fuera joven, y tuviera un temperamento lascivo, fruto de los ardores conventuales de su padre, y de los histerismos incurables de su madre; de todo eso, era culpable aquella mujer, y era indispensable castigarla: ¿cómo?

tres conferencias con el párroco de Serrezuela, bastaron para arreglar el asunto;

primero: un anónimo firmando: *Una madre de familia,* y enviado al cura del pueblo en que estaba Luisa; en él se le diría qué clase de ave era la maestra; circunspecto, meditado, obedeciendo a un penoso deber, tenía que ser este billete; y si el señor cura, quería convencerse, podía tomar informes en la respetable familia de donde había sido despedida la joven; y con el venerable párroco de Serrezuela, que conocía el asunto;

era un alma piadosa la que, en bien de la moral, daba este aviso;

170

¡qué cara hizo el cura cuando recibió el papel! ¿Conque había sido un bolonio? ¿conque tanta seriedad y tanta virtud, eran una comedia? ¿conque la que no se dejaba siquiera requebrar de amores en el confesionario, había sufrido los manoseos del padre, y las caricias del hijo, en una misma familia? ¡oh hipócrita! ¡y, él, guardándole consideraciones!

es verdad: este mundo está lleno de asechanzas; pero ya tenía una arma; ahora sí triunfaría; y, plácido, libidinoso, feliz, sonreía el levita con el anónimo en la mano.

*
*   *

Al día siguiente, su entrada en casa de Luisa fue una entrada triunfal;

la joven bordaba, sentada en el corredor interior de la casa; su madre estaba en la cocina;

la seriedad de Luisa, no desconcertó al presbítero, quien tomó a su turno un aire de misterio y de piedad.

–¡Gracias a Dios que la hallo a usted sola!

Luisa lo miró con extrañeza.

–Sí, ¡tengo que comunicarle algo muy grave!

y, tomando un asiento, lo colocó cerca al bastidor en que bordaba la joven.

–¿Tiene usted enemigos?

–Yo no sé; y si los tengo son gratuitos.

–El mundo es muy malo; la calumnia, la difamación, la envidia, pululan por doquiera; vea usted lo que he recibido –y alargó a Luisa el inmundo papel;

mientras la joven lo leía, la sangre se agolpaba a su rostro, las sienes le latían, y una espantosa indignación se apoderó de ella.

–¡Esto es una infamia!

–Eso he dicho yo; pero he creído deber mío mostrárselo a usted, para que esté prevenida, y vea cómo la persiguen; usted comprenderá ahora que soy buen amigo.

–Le agradezco a usted mucho, señor cura; pero usted ve bien que eso es un anónimo, y que quien lo escribió, ha carecido de valor para nombrarse.

172

–Sí, me dicen que averigüe con el señor cura de Serrezuela; pero yo no tengo necesidad de eso; lo importante es que no vayan a llegar al señor alcalde, o a alguna otra persona influyente, cartitas como ésta, porque no todos son tan buenos amigos como yo, y podría regarse el cuento.

Luisa comprendió todo el mal que la divulgación de aquella infamia podría hacerle, y creyendo en la lealtad del presbítero, contó a él cuanto había sucedido en *La Esperanza*, silenciando únicamente lo relativo a Arturo;

la indignación vibraba en sus frases, y la joven, soberbia y agresiva, se ofrecía más incitante a las miradas del cura; aquella Juno tentadora, exasperaba los deseos del gañán eclesiástico, repleto de lujuria;

con lenguaje meloso, intercalando torpemente textos bíblicos, ensayaba consolarla, sin que su charla piadosa lograra algo más que exasperar a la joven;

el temor con que el cura había contado, no venía en su ayuda; y la cólera justa de Luisa, desconcertaba sus planes, basados en la intimidación; sin embargo, no retrocedió.

–Vea usted, señorita, siempre conviene que esto quede en secreto; si la calumnia se propaga, usted perderá su reputación y su puesto.

–No, señor, mi reputación no está a merced de una calumnia como ésa; y si ella se divulgara y aquí se creyera, a mí me bastaría renunciar esta escuela y pedir otra; soy casi sola; no tengo quien se interese por mí; pero sabré luchar contra mis enemigos;

su temperamento femenil apareció entonces: las lágrimas vinieron a sus ojos, y estalló en sollozos.

–No llore usted; nadie sabrá esto; nosotros confundiremos a sus enemigos –decía el cura aproximándose más a la joven en son de consolarla;

brutal, como todos los inexpertos en achaques de seducción, el sacerdote enloquecido por su amor y por la proximidad de la joven, le tomó una de las manos que ella había dejado caer sobre el bastidor;

aquel contacto fue la chispa eléctrica, *La bestia humana*, la espantosa sensualidad, rugió dentro de aquel hombre.

Luisa retiró la mano, y él, reteniéndola con fuerza, le ciñó el brazo al talle, murmurándole torpes y confusas palabras de pasión;

trémula de ira, Luisa se puso en pie.

–Luisa, Luisa –decía el cura, arrastrándose de rodillas ante ella–; sí, soy un criminal, soy un infame; pero ámeme usted, ámeme usted.

–Levántese, váyase usted –exclamaba la joven.

–¡Luisa! –volvió a repetir él, y se abalanzó hacia ella.

–¡Mamá! ¡Mamá! –gritó Luisa.

el cura se detuvo; Natividad apareció en la puerta.

–¿Qué es? ¿Qué es?

–Nada –dijo el sacerdote–: un insecto que pasó, y la señorita se asustó.

Luisa, pálida, apoyada en la columna del corredor, no replicó nada.

–¿Ya pasó el susto?

–Sí.

–Es tan nerviosa –murmuró la buena mujer, retirándose para volver a sus faenas.

Luisa la vio partir sin intentar detenerla; vio que iba a quedar sola con aquel salvaje; pero la inmensa fuerza de su carácter la sostenía sin miedo;

cuando Natividad se alejó, Luisa, dirigiéndose al sacerdote, le dijo:

–Es usted un mal ministro, y un mal caballero.

–¡Cuidado! vea usted que tengo pruebas en mi mano.

–Me es indiferente; haga usted de ellas el uso que quiera.

–¿Me desafía usted?

–No, señor, pero no le temo.

–Reflexione usted.

–Nada tengo que reflexionar.

–¡Luisa! –murmuró él.

–Salga usted –volvió a decir la joven; y ante aquella mirada hipnotizadora, el levita abandonó en silencio, la casa que había querido prostituir.

Luisa, entonces se encerró en su aposento, y arrojándose sobre su lecho, lloró amargamente;

cuando horas después, Natividad vino a llamarla para la comida, estaba serena, resignada, dispuesta a todo; era hija del dolor y no lo temía.

175

*

* *

Su humillación fue un acicate; bajo el desdén se retorció violento;

tanta altivez, tal brío, en esa belleza esquiva, exacerbaron aún más, aquella alma ignescente;

como un escorpión cercado de llamas, se revolvía furioso en su impotencia;

su exasperación no tuvo límites; era un chacal en la época del celo;

igual a un sol de sangre, el *Crimen* se le apareció en el horizonte; su cerebro enfermo le hacía ver todo rojo, con un rojo de violación y sangre virgen; el homicidio, con su túnica escarlata, le pasó por la mente, con la hopa húmeda y viscosa; con su idea de posesión en el fondo de la muerte.

–*Viva o muerta, pero mía...* tal fue el grito de su carne;

así, a la puerta del crimen, a la orilla del abismo, el Destino piadoso vino a salvarlo...

extenuado, insomne, rendido, cayó enfermo;

su enfermedad fue una locura obscena; un largo delirio priápico; un viaje azaroso al Jardín de Venus, al ardiente país de la Lujuria;

en esta excursión a Citerea, su alma vagabunda por los obscuros laberintos del placer, no cortó el mirto verde, el mirto sagrado de la Isla, sino el loto desnudo de la India, el loto simbólico del vicio;

y, así fue, de sueño en sueño, como un viejo Coribante, celebrando extraños ritos, prácticas monstruosas de bacanales fálicas, de horribles fiestas dionisíacas; aquella fiebre erótica, lo puso a la orilla del sepulcro;

un anciano canónigo, amigo suyo, que había venido a verlo, velando a la orilla del lecho, sorprendió en el delirio el secreto inconfesable;

él, vio en las sombras de aquella alma turbada, en la selva obscura de aquella conciencia insurrecta, enroscada en el árbol maldito la gran serpiente bíblica;

su ojo experto columbró en el fondo de ese abismo, el gran Monstruo, la Tentadora, la Mujer; y, resolvió salvarlo;

apenas fuera de peligro, lo arrancó de allí, como si lo sacara de entre las llamas de un incendio: después, oyó de su joven amigo el tremendo secreto: la confesión de su amor, de sus deseos impuros, de sus sueños libidinosos, de sus anhelos carnales, de su tentativa de crimen;

asombrado el canónigo retrocedió, ante las tempestades de aquella conciencia, como ante las olas agitadas de un mar en furia;

viejo médico del espíritu; empírico en la gran ciencia de la Psicología, de las hondas enfermedades de las almas, recetó los antiguos medicamentos, los sedativos morales; el calmante místico: la oración;

como un niño enfermo, el corazón del joven levita, herido de muerte, buscó para ampararse, el seno de su antigua madre: la Fe;

tuvo entonces un acceso intenso de piedad, una verdadera fiebre mística;

temeroso del ambiente del pecado, sediento de paz, fue a encerrarse en unos *Ejercicios Espirituales* para sacerdotes, que se daban en la vieja casa del *Dividivi*[4];

---

4. Antigua casa destinada para estos ejercicios.

allí se absorbió en la contemplación y el arrepentimiento; fue un verdadero penitente;

su alma desolada, su cuerpo macerado, pidieron a
Dios el perdón de sus faltas;

oró con fervor intenso, fervor de catecúmeno; lloró
con lágrimas geronímicas de verdadera contrición; tuvo
arrepentimientos dolorosos, de cenobita alucinado;

al contacto de su antigua vida de claustro, hubo en
él, una resurrección de recuerdos infantiles, de ideas
puras, de pensamientos castos, que pasaron sobre su
alma como un viento primaveral sobre un prado de azucenas en botón;

todas las flores puras que el vendaval había tronchado, se incorporaron, alzando al cielo su cáliz repleto de
perfumes, y, en aquel corazón atormentado, que parecía estéril para el bien, como un jirón de tierra pétrea,
asolado por el incendio, calcinado por el rayo; hubo una
germinación de sentimientos puros, como una floración
blanca de lises inmaculados y campánulas silvestres;

la tranquilidad, descendía poco a poco a su espíritu,
como la sombra de la noche, sobre una llanura abrasa-
da; y como el *Orestes* de Gluck, él también podía decir
en el horror de su tragedia: *La calma entra en mi alma;*

las pláticas de un buen obispo, cuasi octogenario, que
desde el puente seguro de su senectud, apostrofaba las
tentaciones, y anatematizaba la pasión carnal, como el
experto marino que impotente para volver al mar, habla
con desdén de las tempestades que ya no han de sor-
prenderlo, calmaban su espíritu agitado, y eran como un
rocío de paz que caía sobre aquella alma ardiente, se-
dienta de quietud;

el viejo prelado, entonaba apacible, calmado, sereno, con voz monótona y cascada, ese:

Suave mari magno,

de Lucrecio; y, llamaba a los levitas a la castidad, a la abstinencia, al miedo de la carne, al amor de Dios; y su voz, que tenía ya opacidades de sepulcro, sonaba en la capilla obscura, como una admonición severa de ultratumba;

aquellas homilías opiásticas, especie de psalmodias piadosas, pláticas paternales y sencillas, caían como un bálsamo letárgico sobre la herida sangrienta de aquel corazón tan enfermo;

en cambio, los sermones exaltados y huecos, de los clérigos a la moda, lo exasperaban; aquellos papagayos tonsurados, forrados en seda, peinados con aceites perfumados, oloroso a *opoponax*, inflados de viento, delicados como una damisela, tuteando a las grandes damas, y recitando con énfasis cómica, sermones aprendidos en autores extranjeros; plagiarios audaces, declamadores de corrillo, con pretensiones de Profetas, e impudencia de sacamuelas ambulantes, lo ponían violento;

estos ergotistas despreciables, cortesanos del vicio rico, servidores de la mediocridad dorada, esclavos del oro, alabarderos del éxito, tenían el monopolio de su desprecio;

nunca había amado estos teólogos dorados, disputadores de salón, tribunos de cojín, agitadores urbanos, cazadores de prebendas en el fértil campo de la adulación episcopal;

así, cuando iban a decir sus peroratas ruidosas, se encerraba él en su celda, y no iba a la capilla, allí conversaba con viejos sacerdotes, virtuosos y sencillos, que amaban como él, la inmutabilidad de su dialéctica piadosa, los antiguos y nobles modelos de cátedra sagrada, los Margallo, los Torres, los Vázquez, los Fernández Saavedra, los Amezquita, los Pulido... y odiaban a esos patos nadadores de la elocuencia epiléptica, parlanchines ruidosos, fútiles y pedantescos, que ridiculizan con sus muecas de *clown* la imponente actitud hierática, y enturbian con el limo fangoso de sus odios políticos y sus frases de callejuela, el grande y majestuoso río de la Elocuencia Sagrada;

la música religiosa, era otro gran consuelo, otra gran fuente de apaciguamiento, para su espíritu angustiado;

los sonidos del órgano, melancólicos y fuertes, atronadores a veces, como el huracán en una selva virgen; graves otras, como el canto de un anacoreta en el desierto, arrebataban su alma, la dominaban, la llenaban de claridades supremas, de beatitudes infinitas;

el *Timor Deo*, el sagrado terror, se apoderaba de su espíritu, cuando los grandes ecos del *Miserere*, llenaban la capilla, y el *De Profundis* gemía trágicamente bajo las naves sagradas; las manos juntas, el rostro contra el suelo, tembloroso, jadeante, permanecía así, anonadado, humillado, absorto, en la posición de un árabe sorprendido por el *simum* [simún], y que, con el rostro entre la arena, siente pasar sobre él el viento portador de la catástrofe, las alas incendiadas de la muerte;

las almas de Palestrina, Cimarosa, Paesiello, voloteaban sobre él, en vuelo vertiginoso, como un nidar de águilas despertadas por el rayo;

a su carácter de pastor rural, encantaban la calma, la sencillez, la amplitud de aquel gran canto gregoriano, aquellos acentos primitivos que debieron electrizar las Asambleas de los primeros cristianos, cuando eran cantados en coros, por ancianos enamorados de la Fe, vírgenes ansiosas del martirio, catecúmenos nostálgicos de la muerte; y, habría dado, por un solo himno ambrosiano, todas las misas de Pergolése; el *Stabat* de Rossini, el *Requiem* de Mozart;

180

las frescas olas de la elocuencia, y la música sagradas habían caído sobre su alma, como una gran lluvia sobre una selva incendiada;

sólo flotaba el humo que se alzaba de aquella hoguera de carnes, martirizadas por el deseo;

la grande herida estaba cerrada;

como no ponía la mano en la cicatriz, se creía sano; sordo al grito del dolor, lo creía muerto; comulgaba diariamente, y la *Tentación* terrífica, no había vuelto a brotar de la hostia inmaculada;

la *Visión*, la espantosa visión roja, había pasado;

la purpúrea floración, se había agostado; el lirio maldito, la gran flor monstruosa, había muerto tronchada sobre su tallo; consumida su corola por el fuego;

hoy todo era blanco en su alma;

blanca su conciencia, blancos sus sueños, blanca su esperanza;

en esta nueva alba de su vida, sonaba la música solemne, el gran himno triunfal: ¡la Redención!...

*
* *

El encanto se rompió; el idilio de la Fe, tuvo su fin;
al dejar aquella casa, que había sido *Casa de Salud*
para su alma, miraba a todos lados, asombrado, temeroso, como un hombre a quien obligan a embarcarse después de haberse salvado de un naufragio;

fue el último en abandonarla; y bajo el dintel de la
puerta se sintió desamparado, y sufrió una verdadera crisis nerviosa, una tristeza profunda que se deshizo en lágrimas;

tuvo miedo de regresar a su pueblo, de exponer así
su virtud convaleciente; y fue a refugiarse al lado de su
viejo amigo, para acabar su curación moral;

allí se absorbió en la lectura; era ignorante; no era
torpe; tenía apetito intelectual, sed de saber; y fue a apa-
ciguarlos allí;

la Homilética lo poseyó;

recorrió con avidez la pequeña Biblioteca; antiguos
libros del viejo sacerdote, largo tiempo cura de aldea, y
hecho canónigo en premio a su vejez; infolios en perga-
mino con las pláticas de añejos predicadores, llenas de
cuentos miedosos contra los sacrílegos y concupiscentes;
autores varios de *Derecho Canónico; Eucologios* de vieja
data; *Catecismo de Pío V; El Concilio de Trento; El Santo
Sínodo* (sus decisiones); *Año Cristiano; Constituciones
Eclesiásticas; Liturgia Sagrada;* y, autores de *Teología* ya
casi olvidados;

él, no buscaba eso; quería los contemplativos, los místicos, pero sobre todo, los oradores sagrados, los grandes escritores de la fe;

no leía la Biblia; tenía miedo al soplo de sexualidad desbordante que se escapa de aquel libro; Eva desnuda; el pecado de Adán; el incesto de Loth; los horrores de Sodoma; Onán detrás del tabernáculo; la poligamia de Salomón; el adulterio de David; la noche de Judit...

aquellas violaciones en masa; aquellos profetas cohabitando en público; todos aquellos símbolos lascivos; aquella cópula ardiente; aquel olor genésico, que se escapa de cada una de esas páginas, le hacían mal;

el *Cantar de los Cantares,* le producía el efecto de un afrodisíaco; aquellos versículos incendiados, le quemaban la sangre; aquel canto apasionado, le hacía desear la piel tostada, los ojos negros, el beso cálido de la Sunamita, en una tarde de vendimia, a la sombra de la viña generosa de Engandi;

la *Imitación de Cristo,* le parecía la Biblia de las almas desoladas;

el tierno misticismo de Gerson, lo consolaban; en aquel libro triste, libro desesperado; en aquel esfuerzo de una fe fatigada y enferma; en el fondo de aquella negación absoluta de la esperanza; de aquel *Lasciate* irremediable, hallaba no sé qué extraño consuelo su alma entristecida, y se prendía a él, como a una fuente que brotara del fondo negro de un abismo...

la dialéctica brumosa; ni con el Estagirita la amó;

las disputas teológicas, no atraían su atención; fatigaban su alma hambrienta de reposo;

toda la grita de peripatéticos y gnósticos, realistas y conceptualistas; toda esa estéril balumba de sofistas vanidosos, no la tocaba;

a Abelardo no lo leía; el célebre doctor, el solitario del *Paracleto*, le inspiraba horror; conocía su historia, y temía que un soplo de aquella pasión, pudiese pasar a su espíritu enfermo, y arder sus carnes convalecientes.

San Bernardo, el monje fogoso, el realista místico, el furioso abate del Clairvaux, no le interesaba; le disgustaba el trueno constante de aquella tempestad de opereta;

intactos en sus estantes quedaron, Tomás el de Aquino, y su corte de teólogos medioevales: no los leyó; íbase hacia los Padres de la Iglesia, sobre todo hacia aquel siglo IV, siglo de oro para el dogma, y el esplendor de la elocuencia cristiana.

San Atanasio, con su rudeza combatiente, lo atraía; y, se soñaba, él, también, perseguido por grandes enemigos, de soledad en soledad, hacia ocultas Tebaidas, y muriendo en el esplendor de su elocuencia.

Cirilo, el gran asesino, con sus manos llenas de sangre, le daba horror; temía el contacto de su fiebre destructora, de su fanatismo homicida; no arrojaba siquiera la vista sobre su nombre, porque en el acto surgía en su mente, la imagen de otra Hypatia, muy joven, muy bella, a la cual le asaltaban a él, deseos vehementes de hacer lapidar también, por una plebe estúpida.

Vita Solitaria, de San Crisóstomo, tenía para él, un secreto encanto; le parecía respirar en ese libro, un viento sano, una brisa refrigerante, venida de ignotas soledades, de los bosques de Capadocia, de los pinos en flor del Monte Taurus.

Sinesio, el obispo poeta, de Ptolemaida, calmaba su sed de quietud, con sus exámetros exuberantes, llenos de la paz del campo, de la tranquilidad sagrada que se respiraba entre los áloes y terebintos de su retiro de Libia; pero cerró el libro para no volver a abrirlo, cuando halló aquellas descripciones palpitantes de la corrupción, de la molicie, de la voluptuosidad en que se ahogaba la antigua Cirenaica: el *Jardín* de Venus, como lo había llamado Píndaro;

igual impresión le causaba San Agustín, sus *Confesiones*, le ardían las manos y el cerebro; esa desnudez ostentosa del vicio; ese cinismo religioso de Fauno arrepentido; ese vapor de voluptuosidad que se escapa de toda aquella narración apasionada, llena del vaho mefítico de las noches viciosas de Cartago, y de los lupanares incestuosos de Tagasta, despertaban su sexualidad, apenas aletargada;

no le interesaban sus luchas de vanidad, contra los donatistas y maniqueos: luchas parricidas de un apóstata furioso;

la *Ciudad de Dios*, era la única obra que amaba el obispo de Hippona; gustaba de aquella arquitectura de metáforas, que constituía una ciudad teúrgica, en el país cándido del sueño;

las cartas de San Jerónimo, le ofrecían también un extraño sabor carnal;

del fondo del desierto veía él, alzarse la Tentación, y no le calmaban aquellos gritos desesperados que el anciano, atormentado por la carne, lanzaba en sus noches de penitencia, bajo el cielo plácido y las soledades de Siria, despertando con sus rugidos el león domesticado, que dormía a sus pies...

buscaba los cándidos, los sencillos, los puros.

San Buenaventura, el gran pájaro cantador del dogma, la alondra mística, llenando de armonía las naves de los templos, se aproximaba a su ideal de orador sagrado, y gustaba de hundirse en las linfas tersas y puras de aquella elocuencia arrulladora;

185

la verdadera elocuencia, la elocuencia docente, la del pastor de almas, principiaba para él, en Gregorio de Nacianzo y San Basilio;

el viejo obispo de Césarea, colmaba su ideal de Predicador Cristiano, lejos de las disputas teológicas de los tiempos tempestuosos de Atanasios y Cirilos; su elocuencia era caudalosa, mansa; su rumor venía de su grandeza natural; y corría sin espumas y sin tropiezos, con la majestad de un río en la llanura;

su *Hexamerón*, se hizo para él, una especie de Biblia; leía y releía con filial cariño, aquellas homilías amables y tiernas del Predicador de la limosna, de antiguo amigo de Juliano; su poesía lo encantaba también, y recitaba lleno de piedad, con lágrimas en los ojos, estrofas enteras del *Cristo Padeciendo*, llenas de un amor desbordante, de una conmiseración sincera por el pobre judío martirizado;

la Biblioteca moderna del canónigo, que en armarios con cristales, se alzaba al lado de los viejos estantes que sostenían los pesados folios y pergaminos polvorientos, satisfacía más el gusto, el anhelo de saber del joven sacerdote.

Bossuet, Massillon, Bourdaloue, lo absorbieron por muchos días; la pompa regia del primero, sus onomatopeyas sublimes; su grandeza casi siempre fúnebre; su majestad intocable; su actitud profética, lo intimidaban: llegó a admirarlo; no a amarlo; en cambio, Massillon, menos pomposo, más humano, más sacerdote, más tierno, tuvo toda su predilección;

muchos de los sermones de la *Pequeña Cuaresma*, pasaron íntegros a su cerebro; y los recitaba a solas, con arrebatos de pasión, con un soplo de verdadera elocuencia;

un día, en mitad de uno de estos ensayos, palideció; y tembloroso, cadavérico, enmudeció; era que en ese

momento, entre el auditorio ideal que se había formado, surgía una mujer que lo miraba, fanática de admiración, con los ojos húmedos de llanto, brillantes de
emoción: era *ella*...

corrió al cuarto de su viejo amigo, se postró a sus
pies, le confesó su recaída momentánea, y se alzó de allí
sereno;

volvió al estudio; Lacordaire, monseñor Freppel,
Dupanloup, el padre Félix, el padre Feijoo, el padre Ra-
tisbone, el padre Olivani, el padre Didon... toda la elocuencia sagrada del siglo; toda ella encerrada entre esas
dos águilas blancas, esos dos monjes pálidos, que como
dos cariátides inmensas, como las águilas de San Juan,
velan a uno y otro extremo de la Cátedra Sagrada; guar-
dadores del dogma, pensativos y señoriales, esperando
el día del tremendo apocalipsis de las almas...

*
* *

Con muchos libros en su equipaje y en su memoria; con esa erudición ligera; con ese baño de literatura religiosa; con esos meses de estudio, que, en realidad, no eran sino una mirada arrojada desde la orilla al abismo incolmable del saber, se creyó seguro y fuerte, y volvió a su cuarto;

creyó que la Ciencia era el Olvido; ¡ay! ¡la Ciencia no es el Leteo!

su flor, no es el nenúfar melancólico que crece en la laguna solitaria;

allí cayó como en un sepulcro; se encerró, se muró, fue invisible fuera de su casa; se fingió enfermo y se aisló por completo; clavó las ventanas que daban para la plaza, y hosco, nervioso, rechazaba el contacto humano, temiendo hasta en la atmósfera, la saturación del pecado;

y, en esta vida trapense, vejetativa, esperó una amnesia milagrosa que lo salvara;

sus libros y su oración eran los grandes aisladores de la corriente audaz de sus recuerdos; y su pobre alma enferma, vivía en el temor de la aparición del tremendo mal: el incurable amor;

un día regresaba del campo, a la caída de la tarde, con albo roquete, roja estola, y el copón sagrado entre las manos; venía de administrar los últimos sacramentos a un moribundo;

era una tarde estival, ardiente y calmada, llena de colores de heno, y ruidos vagorosos;

¡tarde de un recogimiento místico! naturaleza de acuarela, bajo un cielo rosa y blanco, con transparencias de cristal;

como una mar en calma, la llanura extendía sus ondas verdes, hasta perderse de vista, ceñida por un cinturón violáceo que le hacía la sombra de los grandes cerros; y allá lejos, entre claridades liliáceas, como un broche de rubí, el sol agonizante;

avanzaba el presbítero, apaciguado, tranquilo, como si hubiese entrado en su espíritu la calma profunda de aquella tarde; con la cabeza inclinada, psalmodiando sus plegarias;

de súbito, dio un grito, y se detuvo, asombrado, tembloroso, como a la vista de un áspid;

allí estaba *ella*; la Tentación aparecía ante él; surgía de un grupo de árboles, de un fondo verde de arbustos protectores, prisionera en una red de enredaderas y convólvulos: un fondo de aparición, una verdadera gruta mística;

¡bella en esa actitud de adoración!

postrada de rodillas, las manos juntas, inclinada la frente, suelta la cabellera, que caía en ondas sobre el traje azul, de un azul pálido, esperando el paso del *Santísimo*; recordaba la *Magdalena ante el Cristo,* el cuadro admirable del dulce Lorenzo di Credi, en el cual, en un prado constelado de flores, en el dintel de su gruta, la pecadora arrodillada levanta sus manos hacia el Redentor, y éste, con un gesto noble y triste, pronuncia el *Noli me tangere;*

y, esta Magdalena, pura y virgen, parecía también querer tender sus brazos hacia el apóstol, hacia el levita torturado, para implorar su perdón: el perdón de ser sin quererlo, su Tentación, su Sueño, su Pecado;

asombrado, medio muerto, el sacerdote parecía también decir como el Salvador: *Noli me tangere:* ¡No me toques!

sí, no me toques, no me toques, ¡oh mi Tentación! ¡Oh mi Quimera!

Luisa, no lo miraba; arrodillada entre Arturo y Natividad, esperaba inclinada el paso del *Señor;*

estrechando contra su corazón, el copón sagrado, la urna de su Dios, el levita pasó precipitado, anhelante, como un criminal fugitivo;

llegó a su casa y se arrojó sobre el lecho sollozando; oía en el fondo de su ser, los rugidos de la *Gran Bestia* que volvía: sí, los escuchaba como el roznido de un tigre hambriento, que avanza entre el juncal;

cometió su primera debilidad; inquirió quién era ese joven que había visto al lado de Luisa;

supo por su sirvienta que era Arturo de la Hoz: que amaba a Luisa; que era amado por ella, y que todos los domingos venía a verla, se hospedaba en la posada, y partía antes del anochecer;

un nuevo anónimo de *Una Madre de familia,* una carta explicativa del cura de Serrezuela, y un chisme de una señora del lugar, acabaron de exasperar aquella alma espantosamente torturada, y despertaron furiosa, su sexualidad dormida;

intentó ver a Luisa; la joven se negó a recibirlo;

la cólera, los celos, y el despecho, se unieron al tropel de pasiones que perseguían a este Orestes consagrado; su grande amor lascivo, cataléptico, no muerto, se levantó implacable;

el deseo, como buitre prometaico, tornó a desgarrar-
le las entrañas; como un león furioso, su concupiscencia rugiente volvió a saltar sobre él, lo echó a tierra, y
proyectó sobre su alma la garra ensangrentada;

blancas flores de la Piedad, lirios místicos, sueños castos, arrepentimientos sinceros, todos se marchitaron, todos huyeron a la aproximación de la tormenta asoladora
que llegaba!...

*
* *

Y, aquella noche sombría, la primera de la visión horrible, aun intentó luchar; embrazó su antiguo escudo: la Fe; ciñó su cota fuerte: la Piedad, y entonó su himno de guerra contra el Mal: la Oración;

y, con esta armadura, rota ya en parte, se arrojó a los pies del Cristo, que, en su contracción postrera, fijos los ojos en el cielo, como absorto en su agonía y sordo a los clamores del levita, parecía insensible también, a la gran lucha moral que se libraba a sus plantas;

y, el sacerdote pedía un milagro, un milagro que lo salvara al borde del abismo; ¡una luz! ¡Una luz! en medio de sus sombras; ¡la gran claridad divina! y, la llamaba apostrofándola;

¡oh tú, la de Damasco para Saulo! ¿por qué no brillas para mí? decía; ¡oh tú, la Erfurt para Lutero, tempestad del Milagro! ¿por qué no estallas a mis ojos?

mis pupilas te buscan en la sombra, y el supremo deslumbramiento no las hiere;

¡oh luz divina, ciégame, pero sálvame! ¡Sálvame!

y, gimiendo, a grandes gritos, inclinó la cabeza sobre el reclinatorio, que tembló agitado, por los sollozos que salían de aquel pecho desgarrado por tan inmensos dolores;

intentó leer; recordando las palabras misteriosas que sonaron en el bosque silencioso al oído de San Agustín, y hambriento de milagros, le pareció que una voz extraña le gritaba también: *Tolle, lege.* ¡Toma lee!

y, miró, y leyó; sobre su Eucologio abierto, caía apenas la luz mortecina de una lámpara muy alta;

y, a esa luz, le pareció que las letras del libro se hacían ígneas y fosforescentes; y como en una gran *Biblia Maldita*, creía leer, rojos y terribles versículos asesinos de su Fe; y, decían:

«¡oh levita cándido, no ores más!

¡levántate!

es ya sacrílega tu oración a la Quimera;

deja el culto del Mito; no implores lo imposible;

el reino divino, recula en las brumas del ensueño; sus costas no se distinguen al resplandor del sol de la fe que ya se extingue...

el mar del tiempo, tragó la isla encantada de lo sobrenatural;

¡el milagro ha muerto!

ya sus apóstoles no hablan;

¡callado han para siempre!

enmudecieron las Sibilas en la última convulsión de la epilepsia sagrada;

la de Endor, cayó sin vida sobre sus serpientes domesticadas, al pie del trípode Santo;

la de Cumes, murió lanzando al viento sus hojas vengadoras;

la de Delphes, se desplomó anunciando al Medo, el reinado de la Bestia;

la de Achbal, desapareció diciendo al Cristo: Teme al beso;

la esfinge ya no habla;

muerta está la de Citerón.

Edipo, llora en el bosque sagrado, con sus ojos sin pupilas; no interroga ya el Monstruo;

los Apóstoles del Misterio han huido;

la Profecía ha muerto;

solos están los valles de Idumea;

sus pelícanos salvajes, no ven a la caída de las tardes, los sombríos pensadores, los viejos visionarios, profetizar en nombre de Jehová, apostrofar las multitudes, dialogar con la soledad...

procelarias de la cólera celeste, augures de sus venganzas, han enmudecido para siempre;

las huellas del Prodigio, se han borrado;

el carro de Elías, no surca el cielo incendiado; los cuervos han partido de la gran cima; la orilla del torrente está desierta;

el manto de Eliseo, no se percibe ya en el horizonte;

las osamentas no sienten pasar sobre ellas, el grito de Ezequiel, llamándolas a la vida;

la tierra calcinada, no bebe ya el rocío de las lágrimas de Jeremías; secos sin ellas están los valles de Jefet a Silo, y de Sedar a Ben-himom;

en el estercolero de Job, han muerto los gusanos y el lamento;

las vides de Sibma y Jebsebon talladas fueron: ya no retoñarán;

y, los campos de Moab, silenciosos están desde Eglaim hasta Bereleim;

no suben ya vírgenes fugitivas por las faldas de Luhit;

y, en las aguas de Nimirín, no vienen ya a aplacar su sed los leones vengadores de Dimon.

Babilonia, no se estremece al fruncimiento de cejas de Isaías;

los últimos videntes, desaparecieron arrebatados en los carros de fuego, y los corceles deformes del Apocalipsis;

el tiempo, según la frase de la Escritura, tragó los Profetas, como león devorador;

el último expiró en Patmos:

Finis Stultitia;
las fuentes del milagro se secaron;
ya la zarza no arde en el Oreb;
cesó la tempestad del Sinaí;
enmudeció Dios;
la roca de Rafini agotó sus aguas; unió sus bordes como en un beso eterno; no se abrirán jamás.

Dios, no sopla ya sobre el horno encendido, y el cántico de gracias, no se escapa de la pira;

las trompetas suenan, y las muralla no caen: Gericó está en pie.

Rabab, la meretriz, antecesora de dioses, de la raza de David, no es ya el espía del Señor;

el Cedrón, no ha vuelto a oír en su cauce seco, ni en sus vecinas grutas polvorientas, pasar como soplo de pavor el viento del milagro;

herida en las entrañas está la tierra, aquella que hacía sombra con sus alas tras los ríos de Etiopía;

ya no se oye el trágico: ¡Sube Persa! ¡Cerca Medo!...

ya el Cristo melancólico, no va por las veredas del camino, curando enfermos y sanando endemoniados.

Satanás no teme ya el encuentro de Jesús;

el cántico de Simeón, ha enmudecido.

Magdalena no se redime.

Lázaro no resucita;

el Gólgota no tiembla; el sol no vela su luz; los mártires expiran y las tumbas no se abren;

los dioses mueren sin esta pompa;

ya los dioses no mueren como hombres, ni los hombres mueren como dioses;

la naturaleza los devora en silencio, sin estremecerse;

en la ascensión del Thabor, el Cristo se llevó en los pliegues de su túnica blanca, como una ave herida de muerte, el último milagro;

el mito se esfumó con la quimera;

voces anunciatrices, como aquellas que en los mares de Sicilia, anunciaron la muerte de Pan, se escuchan ya anunciando la muerte de los nuevos dioses, sobre el revuelto mar de la conciencia humana;

los antiguos dioses murieron abrasados por la hoguera de la Fe, que iniciaba su reinado;

los nuevos, morirán clavados a la cruz de la Razón, que inicia el suyo;

los grandes días se acercan...

tu Dios agoniza;

¡la Fe ha muerto!

es tiempo de renunciar a la Esperanza;

te habla la ciencia, que es Caridad;

¡álzate, levita!

¡Surge!...».

———

Y, le pareció que una faz de mueca horrible, surgía al final de este capítulo, como un broche macabro, satánico y burlón;

y, creyó oír que una carcajada sombría, como salida de la boca de un espectro, llenaba la estancia toda con sus ecos lúgubres;

alzó la cabeza asombrado; la luz se extinguió; y, en la tiniebla profunda, sobre el Eucologio abierto, centelleaban todavía, movibles y luminosas como áspides de fuego, como escarabajos del infierno, las letras que contenían los versículos sacrílegos, las palabras blasfemadoras de la gran *Biblia Maldita*;

¿era una alucinación? ¿era el alba de la locura? ¿su cerebro debilitado, estallaba en la demencia?... se llevó las manos a la cabeza y dio un grito;

cayó, como herido por el rayo.

... ...

... ...

Volvió en sí ya tarde, en medio de una mañana espléndida.

–¡No estoy loco! –dijo; y sentado en tierra miró a todos lados;

el Cristo yacía en el suelo; había caído del reclinatorio en el último estremecimiento de la lucha;

el libro piadoso continuaba abierto;

por la ventana penetraba un torrente de luz inefable y vibradora; afuera, todo era luminoso, cantante; un himno a la vida;

se puso en pie, para recoger el Cristo.

tornó la vista hacia la plaza, y como un jirón de la noche, flotando aún en el espacio, alcanzó a ver una cabellera negra, como la cauda de un cometa extinto; la conocía muy bien: era la de Luisa;

dejó a su Dios en tierra, y voló a la ventana; allí se absorbió en la contemplación carnal de la adorada.

–¡Te amo! ¡te amo! –decía;

y, la naturaleza respondía con sus efluvios voluptuosos, y sus tonos radiantes a aquel cántico de amor;

el levita ya no se defendía de su Visión: la contemplaba extasiado;

no huía de la tentación: iba hacia ella; no evitaba la sierpe; como un indio piadoso, ofrecía su carne a la mordedura de la muerte; era irredimible; con los ojos abiertos descendía a la sima;

¡oh, lo inexorable!...

*
* *

¡Su vuelta al abismo fue espantosa! condenado irremediable, no intentó luchar;

soberbio y satánico, se lanzó él mismo a la hoguera, sin un grito, sin un gemido; dejó quemar sus alas al fuego de la pasión, sin intentar siquiera remontar de nuevo el vuelo a la región abandonada, a la región serena de la fe, donde ángeles ingenuos despliegan sus alas de oro, y a la luz espectral del sueño, abren sus pétalos áureos las grandes flores del amor divino, y rompen sus cálices blancos y aromados, los castos lises de ensueño místico;

tuvo la voluptuosidad de su caída; despertó en el fondo del abismo y lo amó;

adoró la tiniebla en cuyo seno se ayuntó al crimen;

a la beatitud suprema, sucedió la inquietud suprema; al paraíso artificial de su fe, el infierno abrasador de su pasión: y amó en él.

Eva, Eva, con todos sus encantos seductores, volvió a alzarse en su camino, a la sombra del árbol maldecido; con sus níveas desnudeces tentadoras; con su belleza troyana, digna del pincel de Protogene; con sus formas gráciles y tibias; con su sonrisa rebosante de promesas y malicias; con sus ojos llenos de afródicos misterios; como una Hebe lujuriante, con la copa repleta del licor divino del placer en las manos, y toda ella envuelta en un vago miraje de voluptuosidades infinitas...

y, no esquivó su vista, no apartó los ojos de ella; antes bien, fue al encuentro del gran Pecado;

y, en sus noches ardientes, obcecado de deseos, palpitante de amor, alargaba sus labios secos al beso de aquella quimera libidinosa;

el deseo, en sus formas más violentas; la voluptuosidad, en sus ritmos más bruscos; el placer, en sus espasmos más punzantes, se apoderaron de su cuerpo, y él se dejaba torturar, lleno de una inefable alegría de mártir sobre la hoguera;

su alma ardía en el amor, y su cuerpo en el deseo, y se dejaba consumir en ambos;

no intentó ya domar la bestia humana; ni apagar este fuego del infierno con el rocío de sus lágrimas siquiera; ni purificar su alma mancillada en las fuentes lustrales del arrepentimiento;

ni lloró más; ni oró más; Dios se borraba de su mente, y sólo quedaba sobre el altar, *ella*, la intocada, la inalcanzable, con su cuerpo poderosamente voluptuoso; sus ojos color de ágata; sus lineamientos de pintura florentina; irreductible, como si tuviese la vida sensorial petrificada; inaccesible y amada, provocadora y esquiva;

y, sacerdote de aquel templo, cenobita consagrado al culto de esa diosa, entonaba ante su altar, los más ardientes himnos genésicos; las más lúbricas letanías de pasión; las más ardientes plegarias, dignas de un coro de Ménades, o de ser el himno de amor en las fiestas secretas de la juventud lacedemonia;

la lujuria, como Shylock, reclamó la carne prometida; y la Pasión, como el Mefistófeles de Fausto, reclamó el alma vendida; y, las entregó ambas;

sobre el muro del arrepentimiento, veía escrita la tremenda palabra: IMPOSIBLE;

en el fondo del abismo en que había entrado, estaba escrito el dístico tremendo:

Lasciate ogni speranza
o voi ch'entrate...

y, renunció a luchar;

en el muro espeso que lo circuía, había visto abierta la gran puerta: el Crimen; por ella entraría victorioso: ¡sí, vencería!

acabaría con esta obsesión de su vicio, con esta tentación cuotidiana, con este tantálico martirio;

dispuesto a triunfar, se embriagó de esperanza, con esta gota de miraje que tenía de absurdo, y divagó en el paraíso de la quimera, a cuyo fin, Eva, rendida, esperaba sus caricias...

y, allá lejos, por el pórtico entreabierto, entre todas las flores del deseo, vio cómo alzaba su purpúreo cáliz el lirio rojo, la flor maldita: el Estupro;

y, tendía su mano temblorosa a la gran flor sangrienta.

*
* *

¡Augusta soledad la del Templo!

la iglesia llena de silencio; la única nave de ella blanca y fría, como el fondo de un mausoleo de mármol;

la sombra que comenzaba a cubrir el cielo, arrastrándose sobre las baldosas, y el aire húmedo lleno de perfumes de lirio, de rosas blancas, y de plantas exóticas de la montaña, enervantes y acres, predisponían a una extraña voluptuosidad mística;

el altar mayor, con sus viejos dorados, producía fulguraciones de incendio, y en su fondo el Cristo, un extraño y tosco Cristo, que parecía un esbozo de Ribera, ostentaba su faz hipocrática, y sus miembros contorsionados, con una lividez siniestra, con un tono de cera y verde de cadáver;

la sombra vesperal, parecía aumentar la palidez doliente de la imagen; su desnudez tornábase radiante, y en ese limbo espectral, se hacían cuasi luminosas sus carnes despedazadas;

en sus ojos entrecerrados, flotaba algo de la embriaguez, de la voluptuosidad moral del martirio: uno como extraño aire de dolor triunfal;

aquella agonía era fulgurante; parecía que el rebelde ajusticiado, en una convulsión soberbia, viendo el cielo abierto ante él, quisiera desprenderse con el último rayo de aquella tarde, y ascender en aquel como epitalamio de luz;

aquella muerte era un apoteosis; a su pie, la madre dolorosa, tosca también, envuelta en tocas fúnebres, dejaba apenas ver su rostro burgués, lleno, sin embargo, de no sé qué gracia mórbida, y de esa majestad extraña que sólo da la maternidad;

y, sobre ellos, la paloma mística extendiendo sus alas en un fondo azul salpicado de estrellas, como el que tocan con sus plantas las vírgenes extáticas del Perugino;

al pie de aquel altar, con un cirio en la mano, velaban dos mujeres;

la una, anciana, repugnante, de mirada aviesa, era el tipo perfecto de la beata; era doña Mónica la santurrona, madre del chisme en el pueblo, correveidile, y proveedora de menudos placeres, a tres generaciones de curas;

la otra era Luisa;

aquel día, las hermanas del Santísimo lo velaban, ella había sido citada para hacerlo en unión de doña Mónica, como las últimas veladoras, de las cinco a las seis de la tarde;

absorta, estaba en su oración o en su pensamiento; un recogimiento soñador, revelaba su rostro; y con los párpados medio cerrados, como para conservar una visión apenas entrevista; había de beatitud y de pasión en su actitud;

¿oraba o soñaba?

¿en qué comarca del país azul, volaba su alma?

¿estaba en las regiones apacibles, donde bajo un cielo puro, nacen las pálidas flores, los geranios enfermos de la fe?

¿vagaba en esos valles encantados, donde bajo un cielo ardiente, abren sus cálices de púrpura, las rosas del deseo, y se extiende exuberante, la floración divina del amor?

¿escuchaba la música de un lejano perdido, que tenía mucho de ensueño, y donde el coro de los poetas cantaba a su oído el himno suave de la eterna dicha?

arrodillada así, semejaba por sus formas parnesianas y su actitud beatífica, una de esas estatuas que los escultores venecianos han colocado sobre las tumbas de sus doguesas, en las naves de San Marco, o en la sacristía de los *Scalzi*;

por su seriedad austera y la fuerza orgullosa de su actitud contemplativa, recordaba aquella Asunción de Viachetti, que yace medio olvidada, allá en una vieja catedral de los valles sagrados de la Umbría;

¡meditación u oración, ambas sagradas! en Dios, o en el amor, buscaba fuerzas;

cuando volvió de su abstracción estaba sola: la anciana había desaparecido por la puerta de la sacristía...

la sombra iba invadiendo la nave, y nubes negras proyectaban por intervalos, extraña sombra sobre la faz del Cristo;

extinguió el cirio, dijo su última oración, e iba a ponerse en pie, cuando el cura apareció en la puerta de la sacristía que daba sobre el presbiterio;

sin saber por qué sintió un miedo cerval; no tuvo fuerzas para ponerse en pie; bajó la frente y oró con fervor;

el sacerdote estaba pálido, agitado, y se detuvo un momento; luego avanzó, y fue a arrodillarse al lado de la joven; ésta permaneció inmóvil; no volvió la faz.

–Luisa –murmuró él tristemente;

era un gemido de fiera;

ella lo miró asombrada, e intentó levantarse;

entonces él, le ciñó el talle con su brazo hercúleo, y la atrajo hacia sí diciéndole:

–¡Luisa, hoy serás mía!

ya no imploraba; dominaba con toda la sed de la lujuria en los ojos y en la faz.

–¡Dios mío! ¡Dios mío! –clamó la joven; y su voz se perdió en la soledad del templo, como el grito de un alción, herido en el desierto inmenso de la mar;

forcejeando con el clérigo, logró ponerse en pie, y levantando el cirio, por dos veces lo dejó caer sobre la cabeza ungida del levita;

todos los atavismos de su raza rebelde; todas las cóleras comprimidas de los suyos estallaron en ella; y así, en pie, castigando al violador con el cirio bendecido, semejaba aquellos caballeros celestes que, en las *Loggias* de Rafael, expulsan del templo al sirio sacrílego;

el cura rugió; y como un tigre bajo el látigo del domador, retrocedió un momento;

después, como si el castigo fuese acicate a su pasión, se avalanzó de nuevo sobre Luisa;

ella, retrocedió calmada, lívida, soberbia, contra el altar, y a su aproximación temblaron las flores y los candelabros, como si fueran a desplomarse;

ligero como un leopardo, el sacerdote saltó sobre ella; la tomó por la cintura y la puso en tierra;

un grito ahogado de fiera moribunda, salió de la garganta de la virgen inviolada, mientras pugnaba el sátiro por ponerle los labios en la boca, y descubrir sus formas intocadas;

en aquel momento, pareció hacerse más espesa la sombra; palidecieron las imágenes; el Cristo, como indignado, pareció querer arrancar su mano del madero para castigar al ministro violador; la Virgen parecía enrojecerse; plegaron las alas los ángeles del Ábside; los grandes lises avergonzados cerraron sus cálices; las campánulas inmaculadas se hicieron más rojas, como si sintiesen en sus pétalos el color de la vergüenza; y en su tristeza pálida las azucenas se inclinaron lánguidas temblando...

era el duelo del pudor sagrado;

desmelenada la cabellera; rojo el semblante; loca de furor; con fuerzas sobrehumanas, con agilidad de gato montés, Luisa puso al cura bajo de ella, y por dos veces, sobre la faz ya sangrienta por las huellas de sus uñas y de sus dientes, le descargó la mano como un azote; y repercutieron en el templo las bofetadas de la virgen, que escapaba sin mancilla de las manos del verdugo;

en carrera precipitada, Luisa corrió hacia la puerta;

el cura, amoratado y rugiente, la seguía, seguro de que no había de escapársele;

¡la puerta estaba cerrada!

ligera como una ardilla, Luisa entró al campanario, y cerrando la puerta alcanzó a cruzar la armella.

–Abra usted, abra usted, o rompo la puerta –aullaba el sacerdote, y se sentía el forcejeo de sus hombros de jayán;

la puerta vacilaba;

temblorosa, Luisa retrocedía en la obscuridad buscando la escalera, dispuesta a subir, y asomarse a las ventanas de la torre, para gritar auxilio o arrojarse de lo alto de ellas si era preciso;

sus manos tropezaron con dos cuerdas que, al tocarlas, hicieron sonar débilmente las campanas; tuvo una idea salvadora; se agarró a esas cuerdas y las agitó, dura, febricitante, tenazmente...

¡tocaba a fuego!

–No toque, no toque usted así –suplicaba el cura;

después se alejó en carrera precipitada hacia la sacristía.

Luisa, temerosa aún, subió al campanario; allí se asomó a una ventana; la sombra era espesa, la tarde fría; ni una estrella, ni un fulgor en el cielo;

la llanura ilimitada, quieta, bajo el beso de las tinieblas;

desde allí vio salir los habitantes, asombrados al toque de ¡fuego!; y sintió que el sacristán, abría apresuradamente la puerta de la iglesia;

entonces descendió rápidamente; descorrió el cerrojo y se escondió a un lado; y en tanto que el sacristán subía la escalera con la agilidad que sus sesenta años le permitían, ella ganó la puerta, se lanzó a la calle y escapó protegida por el muro y por la sombra.

Natividad, inquieta la esperaba en la casa.

Luisa se lanzó a sus brazos; lloró mucho; y fue tarde, ya muy tarde de aquella noche cruel, que hizo a su madre, la confesión penosa.

Natividad quedó como hebetada; era una revelación que la anonadaba; tan brutal tentativa de violación, en un apóstol de la castidad, no la comprendía ella;

la ignorancia y la fe, hacen esta candidez sublime, que en el fondo es la sublime estupidez;

aquella noche, Luisa veló sin tristezas y sin miedo, llena de indómitas cóleras, con su soberbia de leona vencedora, y su divino orgullo de virgen inviolada.

*
* *

La tempestad, tanto tiempo anunciada, no tardó en desencadenarse sobre Luisa; su rebelión sería castigada; su victoria era su derrota;

¡el sacerdote vencido fue implacable!

recordando al viejo obispo asesino de Alejandría, él también se encargaría de lapidar una nueva Hypatia, por el crimen de su virtud irreductible;

su venganza comenzó al día siguiente de su vencimiento;

las cartas de doña Mercedes y del cura de Serrezuela, dieron la vuelta al pueblo, enriquecidas con nuevas infamias, con obscuras suposiciones, y acrecidas con todo el lodo que arrastra el torrente fangoso del chisme curialesco, en un pueblo fanático y servil;

las más extrañas versiones, las más estúpidas consejas circularon, inventadas por el cura, y propaladas por sus parciales, a cuya cabeza, indignada, infatigable, estaba doña Mónica, la piadosa *Celestina*, del *Santo Varón*.

Luisa lo supo todo;

vio cómo mancillaban su honra, los que no habían podido quitársela, y cómo jugaban con su honor, los que no habían podido desgarrarlo;

prostituida al pie del altar, habría sido sagrada para aquellos que hoy la vejaban; aunque inviolada y vencedora, la baba del insecto la manchaba; ¿era esto la Justicia?

la escuela quedó sola; las niñas huyeron espantadas, temiendo el horrible contagio; el aislamiento, se hizo en torno a la maestra sacrílega, y un extraño rumor la circuía;

prostituida, herética, *masona*: la piedad la apellidaba así; ¡con los hombres y con los demonios tenía comercio!...

¡la virgen se hizo el monstruo!

fue la Esfinge de Cintro, con su cara de mujer y su cuerpo de bestia; su presencia sola, ponía espanto en el ánimo, como la Quimera de Lydia; ¡tanto así la calumnia fue insaciable en torno a la virtud inmancillable!

el domingo, el cura ya repuesto de sus desperfectos en la faz, subió a la cátedra sagrada;

allí dio rienda suelta a todos sus instintos demoníacos; el monstruo, hizo la calumnia del ángel, la bestia arrastró la virgen, el verdugo insultó la víctima insurrecta;

en esa jerga habitual de los púlpitos, habló de la herejía y de la corrupción, y, sin preámbulos, sin disfraces, con la misma brutalidad con que quiso deshonrarla, acusó a Luisa de impiedad y de impureza;

¡y, no hubo quien cruzara con la mano, el rostro del jayán calumniador!;

alertó a los padres de familia; imploró el auxilio del cielo, y habló de la misericordia divina...

¡allí, en aquel templo, lleno aún con el lamento de la virgen perseguida! ¡ante aquel Cristo, testigo mudo de la lucha violadora!...

después, bajó sereno y fue al altar, a aquel altar a cuyo pie había querido alzar el lecho vil de sus pasiones, y, allí imploró a Dios, para hacerlo descender a sus manos y a su boca de sátiro tonsurado.

... ...

... ...

210

A la salida de la iglesia, el pueblo se arremolinaba furioso contra la *maestra masona*;

agitaban los odios brutales el sacristán y doña Mónica, con otros paniaguados del cura, que atizaban el público furor;

fue una verdadera asonada soez, un motín salvaje, el que hizo a mediodía irrupción a la puerta de la escuela.

«¡Abajo los herejes! ¡Abajo los masones! ¡Abajo la *maestra*!».

así aullaba y vociferaba aquella canalla, ebria de fanatismo y de licor.

Luisa, impávida, esperó el tumulto; el alma heroica del forzado muerto en Panamá, respiraba en ella;

los insultos, se sucedían a los insultos; las mujeres se disputaban la desvergüenza, y le arrojaban vocablos de hacerla enrojecer...

azuzado el populacho, de la palabra pasó a los hechos, y empezó a lanzar una nube de piedras contra las puertas y ventanas de la escuela, penetrando algunas hasta romper los mapas y globos del salón;

una meretriz, la más conocida del lugar, más ebria que las otras, pasó el dintel amenazando a Luisa con una navaja abierta;

ella no se movió: serena, impasible, pálida de emoción, paseando su mirada despótica y triste, sobre la turba estólida; en medio del salón, con resignada fiereza, semejaba una de aquellas Judits, de Alloni, o Baudinelli, que se ven en la galería de Pitti, y en las *Loggias* de Florencia, llenas de majestad, de fuerza y de valor tranquilo.

Natividad, que hasta entonces, tímida y asombrada, había presenciado la algarada cerca de Luisa, al ver a ésta amenazada se transfiguró de ira; su vieja raza chibcha[5] con mezcla de algún galeote español, se insurreccionó entonces, y furiosa, asiendo una gran regla de madera fuerte que halló a la mano, se avalanzó sobre la piadosa vagabunda, dándole tal golpe que la echó a tierra; y cuerpo a cuerpo luchando con ella y ensangrentándose las manos, le arrebató el arma homicida, y con ella, de pie en la puerta, como una loba que cuida sus cachorros, apostrofaba a los cobardes con frases que recordaban bien su origen de plebeya.

–Mamá, mamá, cállate –decía Luisa; y avanzó hasta la puerta para quitar de allí a Natividad;

su presencia exasperó al populacho, el que furioso por la herida de *La Chata*, como llamaban a la piadosa meretriz de la navaja, aspiraba a vengarla; los guijarros, el lodo, las astas de madera, llovieron luego sobre las dos mujeres indefensas.

Luisa y su madre retrocedieron;

la primera avanzó a la puerta con intención de cerrarla; una nube de piedras cayó sobre ella, vaciló un momento; tendió los brazos hacia adelante y rodó a tierra: un proyectil la había herido en la sien derecha.

Natividad ya ni vio ni oyó más: se avalanzó llorando sobre su hija, que yacía ensangrentada y sin sentido;

el populacho, ebrio con aquella sangre, precipitóse al salón...

iba ya a poner las manos sobre ellas, y despedazar acaso a aquellas pobres mujeres, cuando se sintió en la turba vil un estremecimiento extraño, algo como el rumor de una ola que avanzase;

---

5. Raza india civilizada, que pobló la Nueva Granada, antes de la conquista.

era Carlos, quien seguido de cuatro jóvenes más, llegaba como loco, abofeteando la muchedumbre con sus puños de titán;

ésta, asombrada, retrocedió: *El alma de las multitudes es el pánico;* Carlos tenía lo que impone a los brutos: la fuerza... además, era hijo del alcalde;

pálido, tembloroso de ira, se abría paso como un arcángel vengador, con los puños en acción, los labios apretados, silencioso, feroz... era la furia salvaje de las naturalezas incultas; la indignación primitiva de las almas fuertes y sencillas; el noble corazón que va a la muerte, sin gloria, pero sin miedo; la indignación olímpica de Hércules;

tal así, hermosos, indignados, con todo el coraje y la fuerza de su raza sin mancilla, debieron pelear nuestros jóvenes príncipes indígenas, defendiendo con su cuerpo la entrada de sus chozas, agitando su garrote, vibrando su arco, roto el extinto carcaj; y rugiendo el grito de guerra, frente a los aventureros españoles, que avanzaban sobre ellos armados de punta en blanco;

el pueblo, que había retrocedido primero, empezó a murmurar, y azuzado por el sacristán y por las beatas, volvió a ensoberbecerse, y agitándose furioso, tornó al ataque.

Carlos, al ver a Luisa en el suelo, con el rostro bañado de sangre y cerrados los ojos, no fue dueño de sí;

ya no esperaba al populacho; iba a él para castigarlo; éste venía con el sacristán a la cabeza, llenando el aire de improperios.

Carlos, y los cuatro jóvenes que lo acompañaban, se lanzaron sobre la multitud; y armados de garrotes comenzaron a garrotearla, como se azota a una culebra;

213

el sacristán, cayó el primero; un hijo de éste, puñal en mano, se precipitó sobre Carlos, quien hizo rodar a aquél a tierra, de otro garrotazo en la cabeza;

la multitud retrocedió acosada... los cuchillos empezaban a salir de sus vainas, y la turbamulta volvía sobre los jóvenes, que la esperaban revólver en mano, cuando apareció el alcalde seguido de sus policías;

ya no hubo lucha;

gritos de *¡Abajo! ¡Muera!* contra el alcalde y contra el Gobierno, fueron los últimos truenos de aquella borrasca popular, la que agonizó al fin con unos *¡Vivas!*... al señor cura, quien, tras los cristales de su ventana, había visto el escándalo canibalesco que daban sus ovejas, hechas lobos por él, para que devorasen a una virgen que rechazaba sus besos de sileno consagrado;

aquella noche, hasta muy tarde, fue de alarmas y de rondas en el pueblo. Carlos y sus amigos velaron también;

nadie más se acercó a la *Casa Maldita*, a donde, heridas, se desangraban las dos mujeres desamparadas, y, sólo rasgaban el aire calmado, los gemidos de Natividad, cuidando a su hija, lavándole la herida y aplicando sobre ella, los labios, con la ternura de una cierva que lame la sangre de su tierno cervatillo escapado a la jauría.

———

Tres días después, una mañana nublada y fría, abandonaba un coche a aquel pueblo; conducía a Luisa y a su madre: en él, iba la gran vencida de su virtud.

Carlos, apostado en el puente que limita el caserío, esperaba ver por última vez, el rostro de aquella que era la ilusión primera de su vida;

214

al llegar al puente, Luisa, advertida por su madre, hizo detener el carruaje, y saludó al joven, a quien ya había agradecido antes su generosa conducta;

su mirada, llena de reconocimiento, su acento blando, acariciador y triste; la presión de su mano enguantada, dejaron al mancebo como en un éxtasis; y allí, envuelto en efluvios y en ensueños, vio en el confín del horizonte, perderse aquel coche que llevaba su ventura; mientras que un cierzo helado le azotaba el rostro, y viento de tempestad arremolinaba nubes poliformes en el cielo, cual si un genio hosco y maniático, se entretuviese en dibujar fantásticos esbozos, monstruos de apocalipsis, dragones fabulosos, hidras y centauros;

y, en el fondo de aquel horizonte brumoso, esfumábase como una visión macabra, un inmenso grifo negro con alas de Quimera, yendo en pos de una nube blanca, cuasi nívea, como la corola de un nardo; así, como la Ninfa perseguida por el Sátiro, en el cuadro de Giorgiono;

el mismo fondo obscuro, la misma visión blanca, emergiendo como un sueño de la negrura profunda; del horizonte ahogado en sombras;

la Ninfa huye; el Fauno queda; sus alas de quimera no la alcanzan...

Tercera parte

Hundida parecía en la bruma del ensueño la virgen calumniada; meditaba bajo el ala del dolor;

la tristeza le formaba un halo extraño; al paso de los pensamientos dolorosos por su cerebro, su frente se obscurecía, como si grandes pájaros mudos extendieran sobre ella, las alas silenciosas;

entrecerrados los párpados, luminosa la pupila glauca, su mirada exploraba el lejano país de los recuerdos;

y, evocaba el pasado, con el dolor de las tristezas irremediables; con la profunda nostalgia de los desterrados del Eterno Paraíso, y contemplaba en la memoria, el reflejo de esos últimos días de su vida, con la insaciable avidez con que los tísicos, fatalmente condenados a la muerte próxima, miran desde la playa saludable en donde arrastran su agonía, esa fiesta de luz y de colores de los largos y casi interminables crepúsculos de julio;

avezada a las luchas del dolor, veía sin asustarse sus perspectivas siniestras, lo olfateaba, lo sentía venir a lo lejos, como el árabe en el desierto adivina a su enemigo en el viento abrasador, en la percusión de sus pasos, sobre la estepa inclemente;

¡oh, la eterna adivinación de las almas martirizadas! ¡cómo presienten el dolor y aman la muerte!

Luisa, la pobre perseguida, la virgen lapidada, meditaba, así entre las irradiaciones desvanecidas de un crepúsculo vesperal;

¡tarde plácida y fría, como todas las tardes bogotanas!

en un cielo hidrófano, de ópalo transparente, el sol desaparecía como hundiéndose tras las olas de un mar lácteo, en las lontananzas de un paisaje hiperbóreo, y, su último rayo, triste como el beso de un anciano moribundo, venía a acariciar la cabellera opulenta y la frente pensadora de la joven.

¡Lear besando a Cordelia en el dolor de su ternura demente!

*
* *

Su recuerdo partía de aquella mañana en que, recién pasada la zambra clerical, había abandonado el pueblo de F...;

la melancólica figura de Carlos, en pie a la vera del camino, con su pasión y sus afanes, la torturaba también; ella no lo amaba, pero comprendiendo que era amada, y amada sin esperanza, compadecía aquella alma tan noble, martirizada así por un amor irremediable;

testigo el cielo que ella hubiera querido consolarlo, acercarse a él, ser su confidente, y fundir los rayos de aquella pasión ardiente en el dulce crepúsculo de una amistad inmaculada, mas no lo podía; y, el tormento de aquel corazón sencillo, era un remordimiento para ella;

alma grande, poco absorbida por un solo pensamiento, tenía el sublime egoísmo de las pasiones únicas; su piedad misma se fundía al rayo de aquella pasión, y, viajera alada su imaginación, seguía la ruta que el recuerdo le trazaba;

su llegada a Bogotá; el nuevo nombramiento que le dieron para regentar la escuela de una populosa ciudad; el miedo que ésta le inspiraba; su llegada allí; el cariñoso recibimiento que le hicieron; el rumor que despertó su belleza; la justicia que se rindió a su mérito...; el recuerdo de homenajes apasionados, de grandes amores inspirados, de frases rumorosas, de endechas ofrecidas y

219

murmuradas en honor a su hermosura, no alcanzaban a conmoverla; tenía la sublime sordera de los ídolos, y caían como flores muertas sobre el pedestal en que, altiva y triste, ostentaba su belleza de Diana;

los dulces recuerdos de aquellos domingos, en que Arturo llegaba anhelante a besar sus manos, y en que platicaban los dos, bajo la mirada cariñosa de Natividad, se levantaban en su mente con la belleza idílica de un valle perfumado; con la poesía sutil de una acuarela querida; con el dulce rumor de una música soñada;

la figura de aquel adolescente, ya entrado en la juventud, dominaba con su belleza rara todo el fondo del panorama;

la melodía de su voz rítmica y fuerte, había sido el himno de su vida; y la mirada de aquellos ojos grises, tan soberbios y tan tristes, el sol que iluminaba el cuadro de su ventura tan fugitiva como intensa;

como bandada de palomas, esos recuerdos alzaron el vuelo; y la llegada de los tristes días se diseñó en su memoria, como el aleteo de pájaros sombríos, a la aproximación de los días helados del invierno;

el baile, aquel trágico baile, de fin de año dado por la Municipalidad, le parecía aún ver las gasas, los tocados, las joyas, nadando en un mar de luz;

y ella, cerca al piano, triunfante con el esplendor de su belleza pagana, arrancando a su garganta las más apasionadas armonías;

y, la impresión que sintió luego, como la punta de dos puñales que se le clavaran en la espalda desnuda; eran los ojos de doña Mercedes, la que, temperando en una hacienda cercana, había sido invitada a aquel gran baile;

y, su voz, aquella voz que semejaba al roznido de una gata herida, llamando a sus hijas, abandonando el salón, apostrofándola por su impudencia, y exclamando:

–¿Esta mujer aquí? ¿y la toleran? ¿y nos invitan para venir a bailar, con la querida de mi esposo, la corruptora de mi hijo, la que fue apedreada en F... por vivir con el hijo del alcalde, y calumniar al señor cura?

y, el rumor que siguió a aquel tropel de injurias; la onda de aristocracia parroquial, que fue en pos de la alta dama que huía; y ella inerme allí sola, asombrada, como la diosa a quien abandonan los sectarios, y rodea la soledad del templo vacío;

y, afrentada pero no vencida, había vuelto los ojos buscando alguien que la amparara, que leyera en su frente la inocencia; que viera la mordedura de la gran víbora, sobre su seno que no había desflorado el primer beso del amor;

miradas obscenas o burlonas, sonrisas insultantes, rostros indignados, sólo había visto en torno; y, sola, porque la familia con que había ido no quiso acompañarla, llegó a su casa, vibrándole en los oídos, como el ruido de una tempestad, la palabra última, el epíteto infamante que había escuchado en boca de los hombres que presenciaron su salida.

–Es una...

y, el vocablo, el deshonroso vocablo, le golpeaba los oídos con una fuerza de huracán;

el grito, el gran grito que dio cayendo exánime en brazos de su madre;

el despertar del día siguiente en medio de la soledad que la rodeaba y el lejano rumor que engrandecía...

la indignación de todas las virtudes contra ella; la liga de todas las pasiones en torno suyo;

221

como la Dina Dorff, de Ibsen, tuvo miedo de tanta *respetabilidad*... se asombró ante aquel abismo de lodo, y, pensó como Stockmam, que la mayoría nunca tiene razón;

las multitudes no tienen alma propia; el soplo que las agita es inconsciente: se van tras el ruido, como las serpientes de cascabel en el bosque silencioso; y hieren y matan, a aquel a quien denuncia el ruido;

¡y, era la multitud, la imbécil multitud de los notables, la que insultaba su virtud enhiesta!

y, miró revolverse la calumnia, chapoteando como un batracio vil, en el limo fangoso de aquella sociedad de mestizos pretenciosos;

y, esa aristocracia parroquial, no la lapidaba con guijarros, pero la abofeteaba con la palabra, y, el dicterio, el espantoso dicterio, hería más que la piedra;

y, el odio, y el desprecio, se disputaron su víctima; no intentó luchar, ¿quién la vengaría?

se resignó a su vencimiento, y volvió a la capital;

y, su partida, en medio de la aversión y el silencio, de aquella población que la había agasajado tanto...

aquel caluroso día de verano, bajo un cielo plomizo que anunciaba la tormenta; la ascensión lenta, fatigante, de los altos cerros; el descenso a los valles profundos por senderos escarpados que las mulas que las conducían bordeaban penosamente; y aquella recia tempestad que se desató abatiendo bosques, derribando añosos árboles, iluminando el horizonte con resplandores de incendio, y poblando la montaña con su estruendo formidable y asordador...

las oraciones, que ella y su madre, alzaron al cielo; y con la borrasca que se iba, un rayo de ventura que llegaba.

¡Arturo!

en carrera precipitada, devorando el espacio, había venido;

tres horas después que ella, había salido de la ciudad; un silencio lúgubre los poseyó; era tan penoso lo que había pasado...

y, luego la noche que avanzaba; el río acrecido, obscuro, amenazante; la mula remisa para avanzar; la sensación fría del agua en los pies; después algo como un vahido; la inmersión en las ondas; el grito de Natividad desgarrando el silencio de la noche, como una Hécuba salvaje, clamando: ¡mi hija! ¡mi hija!...

y, luego, el despertar en brazos de Arturo y de su madre; aquél, húmedo aún, y agitado por la lucha con el elemento furioso, para arrancarle la víctima querida; el resplandor que brilló en sus ojos al verla salvada...

su corazón desbordada de gratitud, a ese recuerdo, la llegada a la capital, la negativa de las señoras Rodríguez a verlas siquiera, y después de la conducta escandalosa de Luisa, y de estar excomulgada, por haber calumniado a un sacerdote;

y, después, el establecimiento en aquella humilde vivienda, en un arrabal silencioso y triste; y, el día de mañana, el problema de la vida: el pan...

al choque de esta brusca realidad, Luisa despertó de sus ensueños, Natividad la contemplaba con tímida tristeza; en este desamparo de la vida, la madre y la hija se abrazaron;

el crepúsculo expiró; la noche vino.

*
* *

¡Oh nuestros sueños blancos, nuestros recuerdos felices!

ellos, como los caballos blancos de Romesholm, cruzan también la tiniebla profunda, la pradera silenciosa del ensueño, y, su silueta fúlgida, embellece el limbo ignoto, la fronda misteriosa, en donde abre sus pétalos enfermos la soñadora flor de la esperanza;

¡oh, los recuerdos dolorosos; los sueños tristes!

ellos, como los caballos negros de Asses, pasan también por la selva obscura, por la pradera silenciosa, en tropa fantástica, en carrera desatentada, hacia un extraño Walhala, un país de maldición, donde las lágrimas cristalizadas, forman la eterna floración de los dolores;

y, el alma queda absorta, escuchándolos pasar con el ruido de una cuádriga desbocada, con el rumor formidable de un alud, que se desprende rugiente de la soberbia cumbre, en la lúgubre descongelación de las ignotas cimas del recuerdo;

así quedaba el alma de Luisa, a la dolorosa evocación de sus memorias;

¡el amor, el insulto, la calumnia! su amor, su pobre amor, tan inocente y tan perseguido; su virtud tan acechada; su honra tan calumniada;

¿se declaró vencida?

no; aún ensayó luchar;

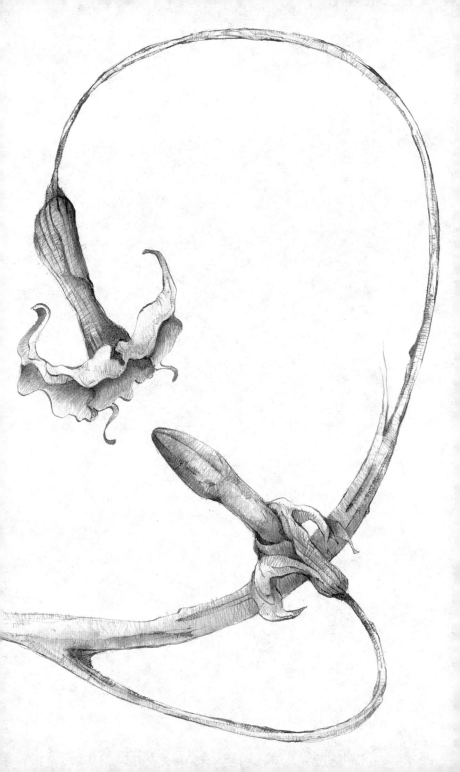

la miseria, el espectro espantoso, el hermano de la muerte, avanzaba sobre ella; ya había visto el hambre, huésped silencioso y pálido, sentarse a su mesa, y, la enfermedad, el fúnebre fantasma velar a la orilla del lecho de su madre;

dos meses hacía que estaban allí; el rumor del escándalo las había precedido; se hablaba de su cinismo, de su espantoso cinismo;

¡haberse atrevido a presentarse en aquel baile! ¡ella, la mujer fácil, que en una misma familia había seducido al padre y al hijo! ¡ella, la querida de un anciano, la corruptora de un niño! ¡ella, la calumniadora de un sacerdote! ¡ella, que no contenta con mancillar el hogar ajeno, había llevado sus liviandades hasta el pie mismo del altar! ¡ella, que había ido con sus concupiscencias de hembra, a ofrecer el encanto de su carne incitativa, al joven y virtuoso sacerdote!

y, no habiendo podido seducirlo, ¡lo había calumniado!

ella, la *Tentación*, se había hecho la *Difamación*;

¡oh, el santo levita!

¡cómo se había indignado la sociedad piadosa, con este ataque a la virtud! ¡cómo había admirado a aquel nuevo José, que así dejaba su capa en manos de esta nueva seductora!

sí; aquella mujer no era Eva tentadora pero cándida;... no, era algo peor; era la sierpe social, el espantoso producto; LA MERETRIZ;

los diarios oposicionistas al Gobierno, contaban y recontaban la historia; los periódicos piadosos, con un pudor de sacristía, el más reconocido de todos los pudores, hicieron relación al asunto, con frases veladas, reticentes, como temerosos de espantar la castidad de los miembros del clero, que los sostenían;

227

más de una mejilla sacerdotal, enrojeció leyendo la noticia; y no era de deseos de ser tentado así su púdico posesor, sino de indignación, de santa indignación;

el director de Instrucción Pública, la recibió con cariño, pero nada pudo hacer por ella; era necesario esperar que pasara la onda, esa onda fangosa que arrastraba así su nombre;

¿en dónde la admitirían? ¿en qué pueblo querrían los padres tenerla por directora de sus hijas?

ella, la leprosa de la moral, llevaría a todas partes el contagio; la sociedad y la religión, la condenaban; esos dos nidos de pureza la arrojaban fuera;

¿qué hacer?

ensayó dar clases a domicilio;

su nombre era conocido, y ese nombre era un anatema;

si consiguió algunas pocas, le fueron retiradas luego en formas muy corteses, pero que hacían referencia a sus recientes escándalos;

la moral social le cerraba todas las puertas: no le dejaba abierta sino la del vicio;

no intentó acercarse a ella; era superior a esa sociedad y a esa moral; y no siguió el derrotero que su rigor le señalaba;

la proposición atrevida brotó de todas partes.

–Sois muy bella –se le decía–; aún podéis ser feliz;

cerró los oídos, a toda sugestión del mal, y se muró en su heroísmo;

sólo el trabajo de su madre las sostenía;

todo el día y parte de la noche, Natividad trabajaba con la plancha en la mano; Luisa la ayudaba como una sirvienta humilde que gana su pitanza;

la madre enfermó al fin: su oficio acababa con ella, y cayó al lecho.

Luisa no se hacía ilusiones; sabía bien lo que tenía su madre, sabía que era la tisis la que la mataba, y, nada les quedaba ya para vivir;

sus joyas, sus trajes, sus libros, todo lo había vendido o empeñado: nada se había salvado de la ruina;

sólo le restaba su amor; y envuelto en sombras.

Arturo, demostraba amarla como siempre; y, sin embargo, había momentos en que la presión de su familia parecía hacerse sentir;

la debilidad de su carácter, era una nube amenazante; su madre lo dominaba; Matilde lo atraía, doña Mercedes, lo osaba todo, y todo lo podía;

había ya decidido el matrimonio de Sofía; ¿por qué no impondría el de Arturo?

así se salvaría el honor; porque esta gente hablaba aún de honor;

¡pobre Sofía! la habían sacrificado;

¿obligarían a Arturo? ¿le estaría reservado este último golpe?

¡oh, eso sería demasiado!

ese amor era lo único que la había sostenido en la lucha; perderlo sería morir; no tenía valor para pensar siquiera en esta infamia;

que él la abandonara; que cediera a las influencias de su familia; que llegara a creer las torpezas que de ella se decían; que la religión y ese confesor que desde niño lo dirigía, llegaran a dominarlo y decidirlo... eso sería horrible, pero no imposible;

a esta sola idea, temblaba de espanto, y lágrimas de angustia brotaban a sus ojos;

entretanto, sus deberes la llamaban a la realidad de la vida; ahí, estaba su madre; ahí, tendida en un jergón; parecía dormir; la fiebre la devoraba; el tinte rojo de los pómulos, daba un aspecto engañoso a su rostro demacrado y sufriente; su cabellera, que ya empezaba a encanecer, se adhería a las sienes por un sudor viscoso; su respiración era anhelante y su sueño inquieto.

Luisa la contempló en silencio;

el lecho era más que pobre, miserable; y allí habían dormido ambas...

la vivienda constaba de una sola habitación, cuyo único mobiliario era ese jergón, una mesa, dos sillas y algunos enseres de cocina; todo lo que quedaba;

y, se debían dos meses de alquiler, ¡pronto serían arrojadas a la calle! ¿qué sería de ellas entonces?

Luisa enjugó una lágrima, que esta lúgubre perspectiva, hizo asomar a sus ojos; se acercó a su madre, limpió el sudor que le inundaba el rostro, tomó de la mesa un medicamento, y la llamó en tono cariñoso:

–Mamá, mamá.

Natividad abrió los ojos; al ver a su hija intentó sonreír.

–Toma la cucharada –le dijo Luisa, levantándole la cabeza suavemente, y acercando a sus labios resecos la bebida; la enferma la apuró de un sorbo.

Luisa volvió a acomodarla en la almohada; colocó el frasco en la mesa, y espió con dolorosa ansiedad, el efecto que la droga pudiera hacer;

el sopor volvió a apoderarse de la enferma, Luisa se sentó al lado de ésta y esperó;

principiaba la gran vela, esa vela de ella sola al lado de su madre; allí la sorprendía la noche, allí la hallaría la mañana;

¡oh, la gran sacrílega!

*
* *

En casa de la familia de la Hoz, todo era triunfo del odio.

Doña Mercedes, vencía en toda la línea; nadie resistía a su voluntad dominadora; Sofía, la primera, como una caña que se dobla al soplo del viento, inclinó su rubia cabeza ante el querer despótico de su madre; Simón era su esposo;

en una gran hacienda del novio, pasaban la luna de miel; allí paseaba la pobre joven, sus tristezas secretas; allí ostentaba la corona marchita de sus sueños, sobre aquella frente angélica, sobre aquella aúrea cabeza que recordaba con sus ojos de cielo, y su expresión ingenua, los pajes de Veronese en el Palacio Ducal;

una sucinta carta de la joven sacrificada, había informado a Luisa de todo;

y, la carta decía:

«¡Estoy vencida! ¡Cuánta falta me hace usted!

»Todos me son contrarios. Todos me han abandonado.

»Mi madre me sacrifica por ambición; mi padre me deja sacrificar por egoísmo.

»¡Germán me abandona! no pudiendo hablar conmigo, terminó por declararme culpable.

»Arturo... ¡Pobre hermano mío! ¡es tan débil! Además, en estos días ha sido asaltado por un verdadero acceso de fervor religioso.

»El presbítero C...., su antiguo preceptor, ha regresado de Europa; todos sus discípulos han ido a recibirlo.

»Arturo fue también: Después ha vuelto a su intimidad; desde entonces, ha cambiado inmensamente.

»Casi no vive con nosotros; pasa el tiempo en casa de su maestro, en unión de otros amigos, entregados a ejercicios piadosos, pues el presbítero C... es el Padre Espiritual de todos ellos.

»Mi madre está muy satisfecha con todo esto.

»Arturo se había olvidado algo de las prácticas religiosas, y su antiguo maestro ha vuelto a traerlo a ellas. Es un sacerdote muy piadoso; ama mucho a los jóvenes. Si viera usted cómo los acaricia y los besa. ¡Ah, los ama mucho!

»Desde que ha vuelto a estar con él, Arturo no me habla ya de resistencia.

»Últimamente me ha aconsejado la sumisión completa.

»El carácter independiente de Germán; su negativa rotunda de ir a los ejercicios espirituales del presbítero C... y frecuentar sus relaciones, ha sido causa de que Arturo lo tome en aversión, y mi madre, instigada por aquel sacerdote, lo odia cada día más.

»¡Así he quedado sola! ¡Estoy vendida! Dentro de tres días seré esposa de Simón; usted sabe mi secreto...

»¡Dios mío! ¡Dios mío, qué desgraciada soy!»

... ...

la carta de Sofía había conmovido profundamente a Luisa, y, sobre todo, la había alarmado;

las almas enamoradas presienten el peligro;

desde la llegada del presbítero C..., Luisa había notado una inmensa variación en Arturo;

sus visitas eran menos frecuentes, su actitud como temerosa; se mostraba más circunspecto al juzgar la conducta de su padre; esquivaba hablar de los asuntos de su casa; había tomado un aire devoto, y sus entradas eran furtivas y como avergonzadas;

cierta vez, le había hablado casi con miedo, de las almas que viven en pecado;

y, otra vez, había hecho un sermón, contra el feo vicio de la calumnia;

más valiera, dijo, que según la Sagrada Escritura, al escandaloso se le atase una piedra de molino al cuello, y lo arrojasen al mar;

otra vez, no pudo evitar el confesarle que había visto al cura de Serrezuela, y había estado muy amable con él;

después de una ausencia de quince días, dijo a Luisa que se hallaba en un retiro espiritual, y que al salir de él, no había venido por prescripción sacerdotal;

este raro acceso de misticismo indignó a la joven;

la actitud de Arturo, le dejó adivinar la espantosa verdad; se lo arrebataban, y se lo arrebataban por sugestión;

aquella conciencia débil, cedía a la antigua influencia de su maestro;

el sacerdote se alzaba entre ella y él.

*
*   *

Como un Osiris del desierto, se levantaba aquella
aparición entre los dos, y nublaba el sol de sus amores;
aquel sacerdote era una fuerza; poseía aquella alma;
desde los once años, entregado a su dirección, alum-
no interno en su colegio, penitente suyo, Arturo se había modelado al querer de su maestro;
éste conocía el fondo de aquella conciencia; el alba
de sus sensaciones; el despuntar de la pasión; todos los
tiernos e inquietantes secretos de la sexualidad naciente;
su ojo inquisidor, lo seguía hasta en las fuentes secretas de la vida; lo sugestionaba;
libre de él un tiempo, Arturo había recobrado su per-
sonalidad; se había sentido hombre y había amado; mas
cuando el presbítero llegó de Europa, doña Mercedes,
corrió a indicarle el trance angustioso en que se hallaba;
se quejó de Arturo; de su soberbia; de su indocilidad; pin-
tó a Luisa como la tentadora atrevida, la seductora im-
pía, que había corrompido aquella alma y aquel cuerpo;
¡era además la calumniadora, la espantosa difama-
dora de un sacerdote!...
ante aquella revelación, el presbítero palideció de rabia; la corrupción de aquel niño, a quien amaba tanto,
lo ensoberbecía, comunicándole un rencor celoso hacia
aquella mujer desconocida;
él vencería la hembra, el monstruo que pervertía aquel
cuerpo de Efebo.

Arturo fue leal;

confesó su amor; juró que no había delinquido;

en vano le amenazaron con los tormentos de la tierra y los del cielo;

negó que hubiese sido seducido, y sostuvo su pureza hasta en el *Tribunal de la Penitencia*;

por esa, y otras razones, se convenció el sacerdote que el contacto pecaminoso no era cierto; pero había que matar la serpiente, y que anonadar la tentativa;

entonces, la antigua sugestión se hizo sentir.

Arturo volvió casi a vivir en casa de su maestro, entre condiscípulos, todos ignorantes del placer, o intoxicados de un gran horror al amor carnal, de un miedo cerval a la mujer;

allí, escuchó cómo su conducta era afeada, y su amor piedra de escándalo era;

¡haberse atrevido a llegar al monstruo!

para aquella legión tebana, la mujer era un monstruo; el amor carnal, una falta irredimible; Eva era el crimen;

¡tocar su carne; eso designaba a la condenación eterna;

el amor genésico, era una debilidad humillante, un estigma, un castigo; así hablaba el sacerdote;

así, llevando a aquellas almas, la obsesión del espanto por el placer; pintando el amor a través de una fábula obscura; así, aconsejando la torpe mutilación moral, así predicaba el sacerdote, a los retoños de la alta sociedad bogotana que educaba;

así, en este odio a la sexualidad, en este misterio velado del sexo, en este sueño místico de ángeles de serrallo, así vivían;

el amor, era un crimen, solamente la amistad, era una virtud;

en esta atmósfera de odio al amor, respiraba Arturo, y en este círculo de horror, lo encerraba su maestro; el interés de secta entraba de lleno en el asunto:

el presbítero C... conocía el estado de los negocios del señor de la Hoz; sabía que sin ese matrimonio, la ruina era inminente, y, la quiebra en un magnate de esa posición religiosa, y moral, sería un golpe rudo para el Partido Ultramontano;

el matrimonio de Arturo con Matilde evitaba este fracaso; laborar a ese fin era un deber;

y, aunque maldecía en su interior, aquel plan que arrojaba un discípulo suyo en brazos de una mujer, lo impulsaba ardientemente, porque en un sacerdote, la pasión de la secta ahoga las demás.

Arturo resistía; como un pájaro fascinado por una sierpe, hacía esfuerzos para romper con las alas de su amor, la corriente mareadora;

continuaba visitando a Luisa, casi podríamos decir que amándola con pasión, pero, cuando salía de casa de ella, sentía remordimientos en la conciencia, inquietudes en el alma, dudas horribles...

¿habría hecho mal en verla?

¿sería verdad que, como decía el presbítero C..., aquella mujer, no era sino una pecadora vulgar, que codiciaba las primicias de su sexo?

¿sería la serpiente tentadora, de que le hablaban diariamente en la parábola del pecado?

¿aquella hija del pueblo, no era una ambiciosa que deseaba encumbrarse hasta él, para gozar su nombre y su riqueza?

¡en nombre de Dios, se la prohibían!

¿a quién acudir? su padre, su madre, su maestro, su confesor, todo lo que para él representaba la autoridad en el mundo, todo le prohibía aquel amor; para todos ellos era un crimen;

las fiestas religiosas, se sucedían unas a otras, en ese círculo de jóvenes, que rodeaban al sacerdote maestro, y en ellas, no se oía sino la vibración del anatema contra el amor carnal, contra ese mito del mal llamado la mujer, y el odio al uso de la sexualidad, el himno a la amistad, la llamada desesperada a una fraternidad engañosa y estéril...: el miedo a la hembra; el *Cave ne cadas*, escrito en el dintel de la gruta donde duerme la sirena;

un día, el sacerdote se negó a absolverlo, hasta tanto que no pidiese perdón a su padre, por la escena aquella del bosque;

tentado estuvo a decir: aquél no es mi padre; pero calló;

y, espantado, loco de miedo, ante aquella absolución negada, que era como el rayo de Dios, suspendido sobre su cabeza, fue humilde y de rodillas, con las manos juntas, ante aquel hombre odiado, ante aquel rival celoso, y pidió el perdón, que le fue concedido con desdén;

después se le prohibió ver a Luisa;

no tuvo valor para obedecer, vio a la adorada; la vio a ocultas, y calló ese pecado; mintió en la confesión;

el sacrilegio, vino a aumentar las torturas de su alma: confesó el sacrilegio.

–Por esa mujer habéis ofendido a Dios –le gritó el sacerdote–: ¡os perderá! ¡os ha inducido a callar ese pecado, y os llevará al abismo!... ¡apártala, apártala de tu senda!

¡él vacilaba! ¡la amaba tanto!

el maestro no cejaba; el dilema le fue puesto: o Dios, o Luisa...

la conciencia del joven retrocedió asombrada;

últimamente, la gran palabra le fue dicha; la gran revelación le fue hecha: ¡el Incesto!

aquella mujer, había sido del padre; no podía ser del hijo:

la Sagrada Escritura lo decía: *El que pecare con la mujer de su padre, las vergüenzas de su padre descubrió: ambos morirán de muerte: su sangre sobre ellos:*

fue en la capilla del colegio, a la hora de la tarde, ante el altar del Cristo, a la luz amarilla de los cirios, en el tribunal de la penitencia, en donde la horrible calumnia le hicieron oír;

la condenación suprema salía de los labios del sacerdote, con los mismos apóstrofes con que tronaba Jehová contra los desmanes de las hordas semíticas;

la Biblia, con todas sus fulminaciones, le fue dicha; y, Dios surgió indignado y terrible, entre su amor y su deber;

fue recogido exánime, a los pies del sacerdote;

quince días, estuvo entre la vida y la muerte; todo su amor, estalló en el delirio de aquella fiebre, todas sus pasiones comprimidas; el odio a los suyos; el amor a ella; el desprecio que sentía por su maestro; el horror que aquel cariño abominable le inspiraba... se dijo que era una locura satánica; que el diablo lo poseía;

cuando volvió al uso de la razón, lo hicieron desdecirse de todo; confesó, comulgó y volvió vencido, humilde, a los brazos de su maestro;

pero antes, fue preciso reconciliarse con Dios; romper con ella;

débil, torturado, lleno de horror ante las perspectivas de la muerte, firmó el papel infame en que apostataba de su amor;

era una carta hiriente y necia, escrita por su maestro en tono de pastoral dogmática y grosera, llena de citas bárbaras; y en la cual se apartaba de Luisa para siempre; rompía bruscamente con ella, y terminaba excitándola al arrepentimiento de sus faltas; a rescatar el cielo con la penitencia; a volver la tranquilidad a los que había perturbado, y la honra a los que había calumniado...

después de aquella infamia, ¿qué le quedaba por hacer? consintió en el matrimonio con Matilde;

y, en busca de salud, fue convaleciente y triste a *La Esperanza*.

*
*   *

Mientras esta batalla se libraba contra ella, Luisa libraba batalla desesperada contra la miseria y contra la muerte.

Natividad se iba... poco a poco, en silencio como había vivido, aquella alma resignada y triste se extinguía.

Luisa lo veía así, y luchaba por conservarla;

el hambre, el hambre verdadera, velaba a la orilla de aquel lecho;

entonces Luisa mendigó; sí, tal es la palabra;

envuelta en un viejo manto; con su saya raída; las botas en estado deplorable, recorrió las casas de sus pocas relaciones, pidiendo un socorro para su madre que se moría;

almas caritativas la protegieron, otras insultaron su dolor; las más piadosas le recordaban *su falta*, instándola al arrepentimiento; todas veían en esta desgracia, *el dedo de Dios;*

la calumniadora del sacerdote pagaba su pecado;

las almas exaltadas, las más cercanas a Dios, por la justicia, negaban a aquella excomulgada, la sal y el agua, como a los antiguos pecadores;

noble dama hubo que le propuso ayudarla con dinero si confesaba públicamente *su falta,* y volvía la honra al sacerdote calumniado; fue puesta a la puerta, porque se negó a hacerlo;

las señoras Rodríguez, no se dignaron recibirla, y sólo hablaron de llevar a Natividad al hospital, para que muriera lejos de esta hija maldita.

Luisa, se negó a entregar su madre, a la caridad de los extraños, y continuó su senda dolorosa;

tocó a todas las puertas; sólo a aquella tras de la cual estaba el oro, no quiso llamar, porque allí con el oro, estaba la deshonra: era la puerta del señor de la Hoz;

todos los días, recibía una carta amorosa de él; todos los días una súplica, una promesa; nunca le respondió;

fue al volver de una de aquellas correrías afanosas, que halló en su casa la carta de Arturo;

al leerla, rodó al suelo la limosna recogida;

de entre el blanco pañuelo, se escaparon los escasos víveres que la piedad filial, había conseguido para la madre moribunda; la pobre niña quedó como hebetada; aquel pescozón le abofeteaba el alma; aquel insulto le desgarraba el corazón;

¡cómo! ¡él, también, la creía culpable! ¡él, también, la insultaba! ¡él, también, se apartaba de ella como de una meretriz!

y, la llamaba al arrepentimiento, como a una Magdalena...

bajo el golpe de la afrenta, no sintió el dolor, sólo gimió su orgullo.

–¡Miserable! –exclamó;

sintió un desprecio profundo, con mezcla de lástima, por aquel ser tan débil, hijo de pasiones bastardas; histérico como su madre; sensual como su padre; dominado por una amistad vergonzosa, por un fanatismo irracional;

¡su amor, su inmenso amor, gemía en el fondo de su corazón desgarrado!

¡era su primero, su único amor!

241

¡oh, los besos que había puesto sobre aquellos labios perjuros!...

a su gran talento, no se escapó nada;

vio todo el sacrificio de aquella pobre alma, torturada por la enfermedad, espantada por la visión de las penas eternas, y, una piedad, una piedad desbordante se apoderó de ella;

se sentía amada; las mujeres no se engañan nunca a ese respecto;

en aquella carta, no había de Arturo sino la firma;

ella lo comprendió muy bien; eran la madre y el maestro los que hablaban allí: eran sus enemigos; sí, el insulto pedantesco, la frase amarga, no los había escrito él: no; ¡imposible!

ella había sabido la enfermedad; había temido por aquella vida que era la suya;

largas noches de insomnio, había pasado a la cabecera del lecho de su madre, pensando en aquel otro enfermo querido que era la mitad de su existencia;

la carta aquella la hirió sin anonadarla; vio bien su situación;

la batalla decisiva se libraba contra ella; presintió su derrota definitiva, y, se aprestó a sufrirla.

*
* *

A la carta abrumadora, sucedió la carta tentadora.

Don Crisóstomo, escribió a Luisa contándole los móviles de la traición de Arturo; su debilidad inconcebible; su cobardía aleve; su fanatismo irracional; y, terminaba, dándole la noticia del matrimonio próximo de éste con Matilde;

el anciano, dominado por esta pasión senil, vio con la huida de su rival, la puerta abierta a su esperanza;

fue vehemente, apasionado, sincero, en su carta, todo lo abandonaría por ella; todo: el hogar, la sociedad, la religión:

«Yo a nada temo, a nadie amo sino a usted –le decía–. Ámeme usted y seré feliz.

»Usted deslumbrará a esta gente con su belleza y con su lujo. Yo seré feliz viéndola triunfar.

»Desde que la amo a usted, este hogar en que fue insultada se me hace odioso; la religión que la persigue, se me ha hecho aborrecible; la sociedad que la calumnia se me hace insoportable. En ninguno de ellos encuentro la virtud, en todos reina el mal, y ellos son los verdugos de usted.

»Ámeme usted, y los venceremos a todos; nos vengaremos de todos.

»Yo dejaré este hogar que es un presidio; la religión que es un negocio; la sociedad que es un carnaval, y al

243

lado suyo, usted será mi hogar, mi sociedad, mi religión, mi amor, mi Dios, mi compañía.

»Yo soy viejo; acaso viviré poco. Alegre usted los últimos días de mi vida: Será usted rica, muy rica; lo será desde ahora».

y, seguía así, instándola con una pasión sincera, con una ternura no fingida, a aceptar sus proposiciones, a hacerlo feliz; a ser suya;

y, con franqueza verdaderamente comercial, le ofrecía su fortuna; le hablaba de la casa que acababa de comprar y amueblar para el matrimonio de Matilde, y le ofrecía hacerle escritura de ella, si le prometía que esa casa sería el nido nupcial de sus amores;

y, en una como revista feérica, desplegaba ante ella, el fulgor de ricas pedrerías, de coronas y collares, de diamantes y zafiros, en vibración extraña y luminosa;

y, se mezclaba a ella, el ruido de las vajillas, de las sedas y las fiestas; el sonido del oro se escuchaba vibrar en cada frase;

y, un cheque en blanco, para ser llenado por la joven, con el precio que quisiera dar a su belleza impoluta, tendido estaba allí sobre la mesa, al alcance de su mano;

era la gran Tentación en la Montaña; el desfile del mundo fantástico; la conquista del poder único: *el oro*; el dominio de los reinos encantados de la Belleza y el Placer;

y, escuálida, como el Cristo, por el hambre, estaba ella: el *vade retro*, parecía aletear como un pájaro sin plumas entre sus labios convulsos;

ella vivía en la miseria; el país malsano del paludismo y de la anemia, donde la virtud vegeta y muere, sin un pálido rayo de ventura, como la enferma floración acuática se agosta en la madrépora ignorada;

y, se le ofrecía el país dorado, el soñado país de la riqueza, donde su hermosura de flor maravillosa, se abriría deslumbradora, bajo un cielo blanco y rosa, en la atmósfera cálida del lujo;

ella vivía en la virtud sin brillo, en esa Arabia Pétrea, árido imperio del guijarro, donde sólo florece el cardo del dolor, y se abre sin pétalos el cactus regado por las lágrimas, y las aves de la ilusión son mudas, y el himno del Amor no suena, y el torrente, el Cedrón del Placer, no tiene linfas...

y, a su vista se extendía un Canaán de frondas y rumores, de florestas, de palmas y de ríos: el país risueño de Afrodita;

un paso, y el reino del hambre y la miseria, quedaría atrás; la divina comarca de Citerea dibujaba en lejanía, sus torres encantadas, sus palacios de ilusiones, sus bosques de narcisos y laurel;

con sólo dejar en las arenas del desierto, o en las espinas del sendero, enredada su túnica de virgen, estaba salva;

hasta hoy, había ido por la senda de la virtud, a la conquista del desierto;

abierta estaba a sus ojos, la senda del placer, para ir por ella a la conquista del mundo;

su frente estaba marcada por la piedra, única corona que la sociedad había puesto sobre sus sienes de virgen; el mundo, le ofrecía el oro y los brillantes, para la áurea diadema que debía ceñir a su frente de diosa;

la naturaleza le había dado el cetro: sería omnipotente;

y, ante el poder de la Tentación, la virgen hambrienta se estremecía;

bajo su cabellera negra, sus grandes ojos centellaban, engrandecidos por el hambre y el dolor;

245

pensamientos de odio surcaban su cerebro, obscureciendo su frente, como una bandada de cóndores furiosos, descendiendo al llano;

pálida, adelgazada, envuelta en sus negras vestiduras, semejaba la diosa de la Tragedia; el horror de la Venganza, la sombra de lady Macbeth, espiando en el misterio, un Duncan desconocido;

y, tocaba diana en su alma, el clarín rugidor de la Venganza;

podía luchar y vencer;

era joven y fuerte;

en la exuberante vitalidad de sus diez y nueve años, sentía la fuerza de una gran sierpe virgen, capaz de ahogar un tigre en sus anillos;

era bella, el destino había puesto todo el ideal de la belleza en sus facciones; y de sus ojos inquietantes y extraños, se desprendía tan mágico poder, tan ineludible sugestión, que, lo mismo que a ese anciano, podría uncir por millares los hombres al carro triunfal de su hermosura, como vencidos númidas al carro del romano vencedor;

al beso del placer, la flor de su belleza desplegaría sus pétalos voluptuosos, como aquella *Flor de Sueño* de las selvas indostánicas, cuyo perfume da la locura, y se abre terriblemente blanca y fatal, entre orquídeas letárgicas y balsaminas mortales;

sería temible: sólo le había faltado el oro, y lo tendría por millares;

podría luchar y vencer, castigar y vengarse; ser implacable: y, se detenía ante esta idea, con el placer de una leona joven, que abre sus fauces hambrientas, soñadoras de víctimas;

sí; podía ser una Omphala vengadora, una Euménide joven y bella; y no tendría piedad de nadie, pues nadie tuvo piedad de ella;

¡vengarse! ¡vengarse! ¡oh, qué placer! su alma absorta, veía en la hoguera ardiente de sus odios dolorosos, agitarse como una salamandra, enrojecer crispada, y retorcerse encendida, la gran víbora ígnea: la venganza;

hasta hoy, ella, la calumniada, había sido la calumniadora; ella la virgen, era la meretriz; ella, la intocada, era la prostituida; ella, la incorruptible, era la corruptora... estaba bien; ahora, ella, la perseguida, podía ser la perseguidora;

sí; ella podía aceptar aquel anciano; dominarlo, sugestionarlo, arruinarlo, envilecerlo; hacer de esa familia de ricos, una raza de mendigos; llevarlos a la miseria y la deshonra, y alzar sobre las ruinas de esa grandeza, y aun acaso sobre tumbas de esos seres, el reinado victorioso de su belleza y su venganza;

la fortuna de sus contrario, estaba suspendida de sus labios;

le bastaba decir sí, y la gran casa de nupcias de Matilde; las joyas mejores de la ciudad; ese *check* fabuloso ofrecido a su capricho, es decir, la fortuna de ese anciano, sería suya;

y, ¿quién podría reprocharle eso? ¿la Virtud? sabía ella bien, el caso que el mundo hacía de la virtud auténtica; ¿el honor? sabía bien lo que significaba esa palabra convencional; tenía seguridad de que no había una mano pura, para arrojarle la primera piedra; sabía por experiencia propia que allí el honor era nada, el oro todo; que allí se podía ser todo por la riqueza, nada por la virtud; que allí se podía vivir sin honra, no sin oro: tal era la religión imperante; Baal, tenía un templo que eran todos los templos, y tenía creyentes que eran todos los creyentes... no bajaría ya Moisés, a romper el Ídolo sagrado;

eso lo sabía ella, y le bastaba estirar la mano para alcanzar el oro; con el mismo, fabricaría las flechas que habían de exterminar a sus contrarios; como una Hécate implacable, esperaría con el último dardo, el paso del último niobida;

¡viviría, castigaría, gozaría! ¿qué más para una vida?

fuera de esa lucha, no le quedaban sino el hambre, la miseria, las persecuciones, las calumnias, el vencimiento definitivo, la muerte... el desamor para ella enamorada; la deshonra para ella pura; la persecución para ella desamparada: toda la escala del dolor;

y, ¿tenía derecho a dejar morir su madre en la miseria, para conservar intacto un cuerpo que el hambre empezaba a desperfeccionar; para guardar una virginidad que el mundo creía desgarrada, y que había de ser pasto de los gusanos?

¿era noble ese egoísmo? ¿vivía por ventura en una época en que la virtud valiera algo? ¿aquella castidad no era una necedad?

y el Satanás de la Visión, mostraba el pan a sus miradas hambrientas; sus robustos miembros de mancebo a sus ocultas ansias de virgen, y a sus ojos soñadores los mundos del placer y la riqueza; las costas siderales del país ciprino donde florece el beso;

y la joven retrocedía asombrada; la visión la fascinaba;

un gemido débil, como el de un niño que nace, la llamó a la vida; era su madre;

al verla allí, sobre el jergón tendida, febricitante, sudorosa, resignada, tuvo vergüenza de su vacilación, todo el fermento de su honradez plebeya, le subió a la garganta y desbordó por sus labios en una palabra:

–¡Jamás!

ella sería siempre soberbia y casta; ella sería la virgen, la intocada;

no, no serían las rosas rojas del placer, sino la flor azul de los ensueños, la flor de las vírgenes anémicas y las obreras enfermas, la que cultivaría su alma inocente;

el primer narciso florecido, la flor de la leyenda, perdió a Ceres;

del cáliz de aquella flor cándida, surgió Plutón, con su carro de llamas y sus corceles de fuego; así, de la primera violeta matinal de sus amores, había surgido ante ella un monstruo alado: la traición; no volvería a tocar el cáliz de la flor maldita;

oruga de la virtud caída en el fango, sólo le faltaba para ser feliz, dejar su crisálida en el lodo; y mariposa del amor, al país del placer tender el vuelo, con sus alas de pétalos de lirio; hermana del pudor, podía, nueva Medea, acosada por sus contrarios, arrojarles, para salvarse el cuerpo de su hermano despedazado;

pero no, no lo haría: invencible, pura y altiva, continuaría su senda dolorosa;

no, no ceñiría su frente la corona de perlas y topacios; mejor estaba la de espinas, que hacía sangrar sus sienes;

no acariciarían su cuello virginal los cintillos de ópalos y brillantes; seguiría apretándola la soga con que la arrastraba la turba fanática;

no adornarían sus brazos los grandes brazaletes, donde entre el brillo de esmeraldas pálidas, buscaría el ojo inquieto, el áspid de Cleopatra; las cuerdas del martirio seguirían lacerando esos brazos de Juno, dignos del epíteto de Homero;

la seda y las telas preciosas, no cubrirían sus formas estatuarias; su raída túnica la envolvería en su ascensión a ese Calvario sin Thabor, a que su hosca virtud la condenaba;

prefería al rumor de admiración, a la marcha sensual de los amores; la saliva de los sayones, la bofetada de los sicarios, el aullido de la chusma farisea; y marchaba erecta a su destino: *Stultitia crux*; tenía la locura de la cruz;

besó a su madre; la contempló en silencio, y viéndola dormir, se puso en pie;

tomó la carta tentadora, el cheque provocativo, y los acercó a la luz que chisporroteaba, en la cabecera del lecho;

y, los vio arder impasible, contemplando vencedora de la Tentación la llama que consumía su victoria segura, y cómo el viento arrebataba por la ventana de su buhardilla y dispersaba en el aire, las cenizas de su sueño...

*
*   *

Dos meses después, el día mismo en que, coronada de azahares, sonriente y feliz, Matilde era conducida por Arturo al altar en Serrezuela, y todo era flores y luz en *La Esperanza*, Luisa, la amante despreciada, la pobre mártir, sola, con el alma ahogada en penas, y el corazón repleto de dolores, presenciaba la agonía de su madre.

Natividad se moría;

tendida sobre el jergón que la servía de lecho, su cuerpo enflaquecido, su pequeño cuerpo de niño agonizante, apenas se veía bajo los cobertores;

su cuello delgado, enjuto, cuasi transparente; su pecho hundido, cavernoso, pecho de tísica, seno como insexual, donde el dolor había disminuido, casi hasta borrarlas las dos fuentes de la vida, las fuentes ya extintas de la savia maternal; su rostro, de una delgadez ascética, de un color amarillento y terroso;

su cabello negro y algo blancuzco, cayéndole a los lados de la frente, como las alas membranosas de un murciélago adherido al cráneo; los ojos hundidos, febricitantes; las mejillas enjutas;

sobre el rostro todo, impreso ya el siniestro, el sello indestructible de la muerte;

el gran Espanto, el espanto trágico de lo Irrevocable, vagaba en aquel rostro y sobre aquel lecho; ilúgubre estuario, lleno del rumor lúgubre de la ola montante de la muerte!

251

entre la sombra engrandeciente de la tumba, y la indecisión gris de la tarde, la madre se moría;

recios soplos de viento, entrando por la ventana abierta, hacían vacilar la luz, prendida al pie de un Cristo amarillento, como la moribunda, y como ella, envuelto en el limbo espectral de la agonía;

bañada en esa lividez lunar, sumida en una acalmia profunda, muda, indiferente, sin quejarse siquiera, Natividad agonizaba: así, como una gran flor de la montaña, que, cansada de vivir, pliega sus hojas bajo el sudario de un cielo límpido.

Luisa, deshecha en llanto, la cabellera destrenzada, de rodillas sobre el lecho, veía cómo se iba para siempre el único ser que la amaba sobre la tierra; y sentía extenderse en torno suyo la inmensa soledad, el abandono;

en pleno naufragio, solitaria en la duna aislada, veía la ola, la última ola del amor que se alejaba...

y, en el horizonte negro, de una negrura de tumba; la desolación inmensa del mañana irremediable...

la agonía había comenzado, y el estertor lúgubre llenaba el pequeño aposento.

Luisa comprendió que no había esperanza; se abrazó a su madre, besándola con desesperación.

–¡Mamá, mamá! –gritaba como si quisiese despertarla;

a cada grito, Natividad abría grandes, inmensos ojos desesperados.

–¡Mamá, mamá, no me dejes! –clamaba Luisa;

los ojos extáticos de la moribunda lloraban lágrimas frías; el ronquido fúnebre se hacía cada vez más débil; la noche y la muerte, se avanzaban silenciosas; el aposento se anegaba en sombras;

de súbito, en el fondo de esa tiniebla, toda recta, toda blanca, como si se incorporase ya en el sepulcro, con

extrañas blancuras espectrales, con el horror de una visión de Orcagna, la moribunda se incorporó en el lecho, trágica, indagadora, terrible.

Luisa tuvo miedo.

—Mamá, mamá, ¿qué tienes?

Natividad se abrazó a su hija, con abrazo frenético; después se desplomó sobre el lecho;

¡había rodado al grande abismo!... ¡había entrado en la sombra eterna!...

—¡Muerta! —clamó Luisa con espanto;

y, abalanzándose sobre el cadáver, le gritaba:

—¡Madre mía! ¡madre mía! ¡madre mía!

y, el eco de la noche, y la soledad del arrabal, repetían;

—¡Madre mía! ¡madre mía! ¡madre mía!

anonadada, absorta, estuvo unas horas, con la cabeza sobre el lecho, apoyada en la mano del cadáver;

era ya media noche, cuando volvió en sí, y se incorporó; había recobrado todo su valor;

cerró los ojos a su madre; ella misma la amortajó, y poniendo nuevas ropas inmaculadas al lecho, la dejó allí serena, transfigurada;

la calma, una calma marmórea, había bajado sobre el rostro de Natividad; la muerte la había embellecido; a la palidez amarilla, había sucedido una blancura ideal, blancura de azucena;

lo negro de las grandes pestañas, y la cabellera aún soberbia, le daban una sombra azulosa al rostro frío;

la gran quietud la hacía augusta.

Luisa, de rodillas ante el cadáver, veló toda la noche;

al fin las estrellas palidecieron en el horizonte;

una blancura hialina, con transparencias húmedas, empezó a extenderse sobre el cielo, que tomaba color de ónix con tintes de isatina, índigo puro;

un rayo azul de la aurora, mensajero vestido de violeta, vino a posarse en el cadáver, como en un lirio tronchado;

un pájaro entonó en el patio, la canción de la mañana;

era el alba...

la hora en que allá lejos, en *La Esperanza*, el ángel de Himeneo, guardaba el sueño de los desposados, felices, tibios aún los labios de los últimos besos, después del abrazo supremo del amor.

*
*   *

Como un casar de avestruces, con la cabeza escondida bajo el ala, erizadas las plumas grises de su dorso, el Monserrate y el Guadalupe ostentaban aquella tarde sus siluetas enormes, coronadas de una cimera de niebla, de nubes de un negro cárdeno, precursoras de tormenta;

lánguido, sin rayos, con un amarillo verdoso, como un Crisólito inmenso, el sol agonizaba en un sudario plomizo, cual un monarca octogenario que muere de inanición, sin púrpura y sin grandeza;

así, entre la bruma de esa tarde melancólica, iba el cadáver de Natividad al cementerio en una urna de madera sin barnizar, y en hombros de cuatro jayanes harapientos; Luisa lo seguía, desolado el semblante, rojas las pupilas, miserable el traje, rotos los zapatos, desesperada el alma;

los transeúntes se volvían a ver aquel entierro tan pobre, sin otro acompañamiento que el de aquella joven tan bella, con aire tan trágicamente inconsolable.

Luisa no veía nada; su dolor le formaba un limbo, en el cual caminaba como autómata;

así llegó al cementerio;

al frente estaba la gran necrópolis, a los lados, dos extensos potreros encerrados en una verja, sobre una de cuyas puertas se leía: *Cementerio de los pobres;* allí, a aquel grande anonimato lúgubre, a la fosa sombría de la canalla, dirigió Luisa sus pasos;

buscaba la sepultura común, la de los desheredados, la de los malditos leprosos de la suerte, los heridos de contagio feroz de la miseria;

allí iba a depositar a su madre; llegado que hubo a la orilla de la fosa retrocedió espantada... había en ella un hacinamiento sacrílego de huesos;

cráneos de adultos, mezclados a tibias de niños; calaveras rotas; huesos dispersos; esqueletos de hombres enredados en esqueletos de hembras, en una extraña cópula macabra, digna del pincel de Odilon Redon, de la imaginación perversa de Swinburne, o de esos grabados de antiguas gliptotecas, en que autores primitivos esbozaron bárbaramente escenas semejantes en cuadros del *Juicio Final,* el espanto confuso de los hombres que despiertan con la trompeta del Arcángel;

allí comprendió ella, que los miserables, ni en la tumba son sagrados: estorban hasta en el seno de la muerte misma;

la miseria es el pecado irredimible;

al lado, tras el muro, dormían los felices, aquellos que habían podido comprar el lugar de su descanso eterno;

a la hartura de su vida, la calma de la muerte;

allí, el silencio era imponente; el lugar sagrado;

flores odoríferas abrían sus cálices, como humildes pebeteros de ultratumba; los cipreses melancólicos inclinaban sus copas susurrantes, como una plegaria, y estatuas pensativas, entre el follaje verde, hacían compañía eterna a los dormidos felices;

acá, los restos del hospital, de la prostitución, de la miseria; la promiscuidad profana; la nauseabunda cópula de las entrañas abiertas, y los senos ulcerados; de la meretriz roída por la sífilis y la virgen muerta en la miseria casta; aquí el gran sepulcro donde se impulsan las ocultas savias, las lúgubres germinaciones; aquí la grande hornera donde al calor del fango crecen los grandes gérmenes propiciatorios;

de los cálices abiertos, de los lotos surgían dioses, cuando vientos de religiosidad soplaban sobre el mundo engendrando mitos;

de estas grandes fosas abiertas, azotadas por el viento de las revoluciones, que hoy pasan sobre el mundo, surgirán un día los grandes macabeos, la raza de los grandes vengadores;

esos huesos de mendigos profanados gritan con Virgilio:

Exoriare aliquis nostris ex osibus ultor!

(De mis cenizas nazca un vengador);
¡y, nacerá!...

¡Væ Victis!

*
* *

Y, aquí las letanías del poeta réprobo; la gran llamada a la raza irredenta: la gran raza desolada: los huérfanos del oro: los parias;

la marsellesa del dolor: la cita a la rebelión final, a la última victoria: la del cielo:

Raza de Caín, que en el fango
te arrastras y mueres miserablemente.

*
* *

Raza de Caín, cuyas entrañas
aúllan de hambre, como un viejo perro.

*
* *

Raza de Caín, que tiemblas de frío
en tu antro. ¡Pobre chacal!

*
* *

Raza de Caín, corazón que arde,
ten cuidado a tus grandes apetitos.

*
* *

Raza de Caín, ¿tu tarea
no está aún hecha?

*
* *

Raza de Caín, ¿tu suplicio
no tendrá nunca término?

*
* *

Raza de Caín ¡sube al cielo
y arroja a Dios sobre la tierra!...

*
* *

Allí tuvo la hija desolada la suprema insurrección
contra su suerte;

besó a su madre por última vez; le cubrió el rostro
con un pañuelo; y de rodillas, seco ya el llanto, las ma-

nos contorsionadas en ademán trágico, vio descender su amor, a la fosa común;

escuchó el golpe seco, el ruido de la urna al triturar huesos extraños; y anonadada, absorta, permaneció allí hasta que la tardía hora y el sepulturero, vinieron a expulsarla de la orilla de aquel abismo inmenso, a donde había arrojado a su madre;

la noche había llegado, lúgubre y fría;

el viento de los páramos cercanos, arrojaba sobre la llanura, un soplo helado, como el aliento de un espectro;

nubes negras, como monjes silenciosos ante un icono bendito, aparecían como prosternadas ante un fulgor de la luna que pugnaba por asomarse, y semejaban el esbozo de algún antiguo maestro en un díptico piadoso;

en la negrura de la noche silenciosa, se sentía la proscripción de las estrellas, y el paisaje nocturnal, gemía como bajo un soplo de horror;

la voz de lo ineluctable, parecía sonar en lo infinito;

en el paisaje adormecido, un pájaro agorero lanzaba su graznido, como un himno a la sombra, como una rotunda negación a la ventura, igual al canto fúnebre del Imposible Amor;

tambaleando de dolor y de hambre, Luisa atravesó las calles obscuras bajo una lluvia helada que le empapaba los vestidos; y como una bestia herida que busca su cubil, entró a su tugurio sin luz, y se echó sobre el lecho sollozando.

*
* *

Despertó;

y, todo era blanco en torno de ella;

blanco el muro inmenso que se extendía ante su vista; blanco el techo, al parecer ilimitado, que iba a perderse en una penumbra misteriosa; blancas las ropas de su lecho, blanca la burda camisa que, como un sudario anticipado, cubría sus formas virginales;

intentó incorporarse; la cabeza le pesaba enormemente; el cuerpo todo le dolía, y, como descoyuntado, no obedecía a su voluntad; casi no podía mover los párpados; había como una bruma espesa en su cerebro y en sus ojos;

sin embargo, haciendo un esfuerzo supremo, logró incorporarse algo, apoyó su cabeza en una mano, y miró fija, tenazmente;

en aquella blancura de tumba, una gran lámpara, con la luz amortecida, lanzaba reflejos amarillentos sobre un radio estrecho, fuera del cual todo se hundía en la sombra;

como momias alineadas en un inmenso hipogeo, formas rígidas, cubiertas por ropas blancas, yacían inmóviles sobre lechos toscos, que se extendían en líneas paralelas a uno y otro lado de la gran sala;

y, allá en un extremo, dominándolo todo, un gran Cristo siniestro, envuelta la cabeza en la sombra, y la cintura en una gran toalla, expirando así en uno como extraño sentimiento de horror a la vida y de vergüenza al sexo.

Luisa miraba con extrañeza, con avidez, con miedo...

ruidos confusos llegaron hasta ella; gemidos de dolor, ecos de sueños angustiados, gritos de febricitantes, ayes lúgubres que se escapaban de aquellos lechos que semejaban tumbas.

Luisa comprendió vagamente:

¡era el hospital!

no pudo rememorar nada; sólo advertía que estaba enferma;

¿era pues que iba a morir? a esta idea una satisfacción inmensa se apoderó de ella;

morir, descansar, no ser más perseguida, humillada; insultada; escaparse de los hombres, de la miseria, del dolor; no pensar en nadie ni en nada; dormir tranquila, al lado de su madre, allá en la gran fosa común: ¡qué ventura!

como un preso, en espera de su libertad, volvió a acostarse, se puso rígida, cerró los ojos, cruzó las manos, y quedó así, aguardando el beso trágico, el beso interminable;

la fiebre que hacía días la devoraba, volvió a apoderarse de ella, en un acceso intenso;

¿cómo había llegado allí?

los vecinos del tugurio en que vivía, la habían escuchado quejarse, y la habían hallado exánime, presa de una fiebre tifoidea, tomada a la orilla de la fosa obscura a donde había sepultado a su madre, y declarada aquella misma noche en que, transida por la lluvia, moribunda de hambre y de dolor, se había arrojado vestida sobre el jergón que le servía de lecho;

y, la habían conducido al hospital;

quince días hacía que estaba en esa cama, privada de la razón, delirante, sombría, entre la vida y la muerte, oscilando a la orilla de la tumba;

al saberse en el hospital su nombre, hubo un rumor de alegría entre las Hermanas de la Caridad, y el núcleo de capellanes;

¡la gran pecadora estaba allí!

¡la piedra del escándalo, había sido traída por el oleaje, a las puertas mismas del templo de la Caridad;

¡allí venía la gran meretriz, a ser cuidada por las vírgenes del Señor!

Dios en sus obscuros designios, la llevaba a morir allí.

¡Loado sea Dios!

administrados los primeros cuidados, diagnosticado el mal, se pensó entonces en la salud del alma;

la pecadora no hablaba; pero un sacerdote se acercó a ella, y en *artículo mortis*, le dio condicionalmente la absolución de sus pecados;

no le administraban el Santísimo; esperaron una breve mejoría para que la gran retractación fuera hecha;

y, entretanto, se cuidaba a Luisa, como se cuida a un condenado a muerte en las prisiones del Estado;

su vida era preciosa a la Iglesia;

de aquellos labios de meretriz, prostituidos por tantos besos, debía salir la retractación pública que volviera su honra al levita calumniado, su alegría a la Iglesia entristecida;

la fiebre poderosa que minaba a Luisa, le disputaba a la ciencia su presa, con un encarnizamiento feroz;

raras veces, y por intervalos muy cortos, venía la razón a la mente de la joven, y entonces la trágica visión de sus dolores, bastaba para hacerla enloquecer de nuevo;

en esos instantes de lucidez, la Hermana que la cuidaba, vertía en sus oídos palabras de consuelo; le hablaba de Dios, de su misericordia infinita, de la gracia divina, del poder del arrepentimiento, de lo triste del escándalo, del horror de la calumnia, del poder de la retractación; y sobre toda esa charla insubstancial y sincera, la pobre alma cándida, extendía como un inmenso lábaro la mágica palabra: Perdón.

Luisa oía sin comprender; su cerebro debilitado, apenas tenía fuerza para pensar confusamente en sus dolores y en la muerte, que esperaba como su gran liberatriz;

así transcurrieron quince días; una mejoría aparente, una tregua de la muerte, permitió la celebración de la gran fiesta de la Piedad Cristiana;

la víspera, vino un sacerdote al lado de Luisa; le habló largo rato en voz muy baja, inclinado hacia el lecho, y después extendió sobre ella su mano y le dio la grande, la suprema absolución, en presencia de Hermanas gozosas y enfermos doloridos;

la joven no se daba cuenta de nada, y en la bruma de sus ideas, no podía ver esta sacrílega violación de su conciencia;

la debilidad física de Luisa, su abatimiento, la ausencia de su razón, eran los factores principales con que se contaba para la gran comedia; y, la virgen inocente, sumida en somnolencia, no podía defenderse de este último desgarramiento de su honor; se la violaba en el letargo, peristilo de la muerte, y antes de echarla a la tumba, la desfloraba el Sicario;

al día siguiente, al abrir Luisa los ojos, vio que una radiante iluminación la circuía, y un penetrante olor de flores y de incienso llenaba el inmenso dormitorio;

muchas rosas, pálidas como ella, y como ella puras; muchas ramas tronchadas, muchos cirios crepitantes...

265

y, cerca a ella, brillante, iluminado, blanco el altar, sobre el cual, el gran Cristo fúnebre extendía sus brazos, mientras la luz cintilaba en las grandes potencias de oro que adornaban su frente de Dios, y en los alamares y lentejuelas de la toalla, que cubría sus vergüenzas de hombre;

todo envuelto en blanco y oro, todo níveo, todo luciente, un viejo sacerdote celebraba el Santo Sacrificio;

y, allá, al otro extremo del salón, la voz de un viejo armonio, tocado por una monja anémica, murmuraba nostálgicas plegarias, balbuceo de himnos que se olvidan, gemidos de algo que se muere...

había mucha gente extraña venida a la gran retractación de la pecadora;

y, el levita calumniado, el cura F..., invitado especialmente, estaba allí, con aire humilde, generoso, inclinado sobre un reclinatorio en oración muda, implorando sin duda, la misericordia divina para aquella gran tentadora, que había querido perderlo;

y, todas las miradas se volvían compasivas hacia aquel casto José, que había sufrido tanto;

y, les parecía mirar aún, en el lecho de Luisa, jirones de la capa del mancebo, escapado a sus manos violadoras;

el presbítero C... también estaba allí, con muchos de sus alumnos, a quienes quería mostrar la agonía de la pecadora corroída por los vicios; la Magdalena arrepentida, que había osado tocar a uno de los suyos;

los enfermos, todos vestidos de blanco, unos de rodillas, otros sentados en sus lechos, cadavéricos y contritos, esperaban la visita del Señor;

llegado el momento de la Comunión, el armonio calló; todas las frentes se abatieron, un silencio solemne llenó el ambiente; las flores mismas parecían inclinar sus corolas cargadas de perfumes, y los cirios hacer inmóviles sus luces, en actitud de adoración;

el sacerdote, alto, rígido, con el copón en las manos, dirigió una corta homilía a los asistentes, hablándoles de las corrupciones del mundo, de la Inagotable Misericordia, del Perdón Divino, del arrepentimiento salvador, del grande y consolador espectáculo que iban a presenciar;

después, majestuoso, imponente, pausado, se dirigió al lecho de Luisa;

todas las miradas se volvieron hacia la gran culpable;

envuelta en su camisa blanca, cubierta por las ropas del lecho, reclinada sobre grandes almohadones, somnolienta, indiferente; veía sin explicarse, como en la pompa de un sueño, la fiesta de la fe que rodeaba su lecho de virgen moribunda;

era la sombra, era el fantasma de su belleza espléndida;

su palidez, de marmórea se había hecho espectral; su fortaleza se había hecho frágil; se veía aquel vaso de alabastro pronto a romperse, y en la transparencia de esta blancura, sus grandes ojos azules, como lagos ocultos en un desierto de nieve, tenían todo el dolor del vencimiento, la tristeza espantosa de lo Irreparable, las brumas augurales de la Muerte;

su cabellera, aquella cabellera opulenta y triunfal, que semejaba una cimera de sombras sobre su frente pálida, cortada había sido y rasada a raíz del cráneo, el que, azuloso, blancuzco semejaba una selva recién talada por el fuego;

sus labios exangües; sus facciones modeladas ya por el dedo de la muerte para el gran gesto trágico, y, en la expresión del rostro todo, impreso el grande espanto de la vida, el supremo horror al *Destino*, al Ciego Irreductible;

al llegar el sacerdote, a la orilla del lecho, la llamó:
Luisa abrió los ojos;

el anciano en actitud hierática, deslumbrante, erec-
to, con algo de espectral y de terrible, tenía la hostia en
las manos, y la alzaba temblorosa, más como una amenaza que como un perdón;

con voz fuerte, solemne, se dirigió a la enferma.

–Dios viene a visitaros –le dijo–; pero antes es necesario hacer digna de recibirlo a vuestra alma pecadora,
limpia por el arrepentimiento del limo del pecado;

¿os arrepentís de todas vuestras faltas? ¿pedís perdón
a Dios, y al mundo, de todos vuestros escándalos? ¿pedís
perdón a la Iglesia, y al sacerdote, a quien un día calum-
niasteis? ¿declaráis falsa la horrible acusación?

¡valor, hija mía, valor! –añadió, viendo que los labios
de Luisa se agitaban como para hablar;

ella se levantó, apoyándose sobre un codo, mirando
fijamente al sacerdote, y a la multitud que, de rodillas,
esperaba la confesión salvadora;

el conocimiento de lo que se hacía en aquella em-
boscada aleve, vino a su mente; enrojecieron sus mejillas lívidas; se hincharon las venas de su cuello, casi
transparente, y con voz ronca, nerviosa, lenta, dijo:

–¿Yo? ¿habláis conmigo? yo no tengo de qué arre-
pentirme; yo no he hecho mal a nadie, yo no he escandalizado, no he calumniado, no he mentido: ¡soy virgen,
soy inocente!

el sacerdote vaciló.

–¡Mujer! ¡Satanás os tienta! confesad que habéis pecado, que habéis escandalizado, que habéis calumniado.

–¡Mentís! –exclamó Luisa, sacando casi fuera del lecho, su busto de espectro, su rostro cadavérico.

–¡Mentís, mentís! –murmuraba con voz ronca, mirando al sacerdote, con ojos centelleantes por la fiebre y por la cólera.

–¡Confesad!... –ensayó repetir él.

–Idos –gritó Luisa, extendiendo hacia él, su brazo enflaquecido, su mano blanquecina, su dedo tembloroso, semejando una visión indignada y trágica.

–Idos, idos de aquí –gritaba retrocediendo hacia el muro, espantada y terrible, como para defenderse de aquel ministro, que ensayaba sobre ella la última forma de la deshonra.

–¡Desgraciada! –rugió el sacerdote, trémulo de ira, dejando caer sobre la cabeza de Luisa, como un rayo pulverizador el último anatema: la maldición irredimible de la Iglesia;

y, pálido, indignado, con el fulgor de la rabia en los ojos, y la hostia despedazada entre los dedos convulsos, volvió la espalda a la condenada irreconciliable, y se alejó del lecho maldito;

un soplo de horror, pasó por sobre los asistentes todos, que se apartaron llenos de espanto de aquel sitio donde iba a morir, sin fe y sin Dios, la escandalosa meretriz excomulgada;

la relapsa, la pestífera, quedó sola;

y, tranquila, soberbia, serena, vio alejarse al Pastor y a sus ovejas;

y, cuando todo concluyó, aislada en el inmenso horror que inspiraba, febricitante, temblorosa, bajó del lecho y empezó a vestirse.

–Yo me voy; yo me voy –decía;

nadie se acercó a detenerla;

la gran sacrílega, manchaba con su contacto;

vacilante, enloquecida, apoyándose contra el muro, abandonó el salón, entre las miradas de odio de los enfermos, y el cuchicheo hostil de las religiosas;

en el corredor, sus rodillas se doblaron y cayó; nadie vino a levantarla;

por fin ganó la puerta;

el portero la vio pasar con horror, sin ensayar detenerla;

cuando llegó a la calle tuvo que cerrar los ojos: la luz, el ruido, el sol la desvanecieron;

la ciudad se extendía ante ella, ilimitada, rumorosa, inclemente;

caminó paso a paso, apoyándose contra el muro; avanzó así por largo rato; las calles se sucedían a las calles, en fila interminable...

¿adónde iba aquella moribunda trágica?; había pasado medio día; estaba en ayunas, y la fiebre la devoraba;

se dejó caer sobre el quicio de una puerta, se cubrió la cabeza con su manto, y esperó la muerte; allí permaneció varias horas;

debió moverse, gesticular, o hablar, en el acceso del delirio, porque cuando volvió en sí, un gendarme la tomaba por el brazo para llevarla a la Prevención por ebria; y una turba de chicuelos, a quienes su cabeza rapada y su aire delirante, habían llamado la atención, se agitaban en torno de ella apellidándola *la loca*, silbándola y queriendo apedrearla;

fue tan desolada, tan intensa, la mirada que dirigió al gendarme, que aquél, conmovido, la dejó partir sin molestarla;

al doblar una esquina, la piedra arrojada por un pilluelo, le dio en la espalda; dobló una rodilla y cayó a tierra;

la turba que perseguía *la loca*, se dispersó asustada;

ayudada por un transeúnte, la pobre mujer se puso en pie, y siguió su camino doloroso;

¿hacia dónde?

la noche negra, y la virgen desolada, llegaron al mismo tiempo a la sombría perspectiva de la Alameda del Norte;

y, Luisa avanzó en ella; y anduvo, y anduvo, hasta perderse allá lejos, en la penumbra inmensa de los árboles, y la sombra creciente de la noche.

*
* *

Ni un rayo del crepúsculo quedaba sobre el cielo...

la policroma tristeza de la tarde, se había fundido en el negro profundo de la noche; negro, de una negrura de abismo, el firmamento; negra la tierra envuelta en la tiniebla; negra y silente; negro el horizonte, negro, impenetrable, rompido a veces por cárdenos fulgores, allá lejos, al Este borrascoso;

la ciudad, como un inmenso lotus negro abierto en la tiniebla, dejaba ver sus pistilos de oro, y el campo, como un lago de betún, negro y siniestro... todo lleno de un misterio inquietante y profundo, bajo la inclemencia infinita de la noche;

el viento precursor de la tormenta, arremolinando nubes negras, había como un viejo lampadario, apagado una a una las estrellas; el suspiro monótono de los árboles azotados por la brisa, las errabundas ráfagas heladas suspirando en las frondas florecidas, fingían trenos dolientes, pulsaciones de ocultas eptacordes;

los búhos graznaban: agoreros siniestros en el silencio de esa desolación universal;

el viento mugidor, como un psalmo de muerte recorriendo la llanura, y allá lejos, con el ronco rumor de la marea, la tempestad terrífica que avanza...

las hojas arrebatadas por el viento, danzando en el aire una como ronda macabra, y cayendo fatigadas como una nube de insectos, sobre la llanura lúgubre;

en el fondo tenebroso de la sombra, noctículos lívidos, errabundos, brillando aquí y allá como luces cuasi extintas de un movible lampadóforo...

la lluvia al fin se desató en torrentes, azotando con furia el llano inmenso... lanzó la nube su carcaj de rayos, y alumbró el relámpago siniestro, la negra faz de la llanura algente; la tempestad se enseñoreó del cielo, y su rugido ensordeció el espacio...

en medio de tanta lluvia, tanto horror y tanta sombra, algo como una fantasma doliente y quejumbrosa, llegó a la puerta del *Cementerio de los Pobres;*

era Luisa;

moribunda, vacilante, noctívaga, la gran virgen vencida estaba allí;

el huracán de su desgracia la traía agonizante, a la orilla misma de la tumba; la gran pecadora llegaba a las puertas de la muerte;

la reja estaba cerrada.

Luisa se acercó a ella, se asió a los barrotes con sus manos temblorosas, y apoyó sobre ellos su frente calenturienta; y, miró fija, dolorosamente, hacia la gran fosa donde dormía su madre;

había llegado a la orilla de esa Estigia; a las riberas del gran mar brumoso, sin olas y sin rumores, donde se embarcan los miserables de la vida, para el gran viaje interminable;

allí, silenciosa, hebetada, moribunda, la virgen perseguida, era la desolación suprema, la víctima irredenta;

no era trágica: era la Tragedia, la gran tragedia humana, siempre lívida, no inventada nunca.

Júpiter no ha muerto, persigue aún; las Euménides viven, Minerva no las calma, su coro siniestro grita; su azote de víboras se oye silbar;

perseguida como la hija de Inacus, acosada por el aguijón divino, sintiendo el aleteo del tábano sagrado, había llegado hasta la tumba de su madre, perseguida por un destino brutal, por el rudo aguijón de la calumnia, por asquerosos Euménides sociales, que, en su salvaje encono, no tenían el esplendor siquiera de su virginidad olímpica;

y, allí estaba vencida, solitaria, abandonada;

había ensayado el combate de la vida, creyendo en el bien y en la virtud, y su derrota definitiva, su hundimiento final, le hacían ver en el fondo, la quimera de su sueño;

de sus labios ardidos por la fiebre, podía salir como de los de otro gran vencido, la amarga y desolada queja:

¡Oh Virtud! ¡yo te había adorado como una divinidad, y no eres sino la cortesana de los hombres! ¡Oh Virtud! ¡tú no eres más que una palabra!

para aureola de su virtud indomable, sólo había hallado la sombra vil de la calumnia, y para corona de su frente inmaculada, el guijarro de la plebe enfurecida;

y, allí estaba deshonrada, maldecida, asesinada en nombre de Dios...

¡oh Cristo! ¿dónde principian las costas de tu imperio! ¡oh Cristo! ¿dónde están las fronteras de tu reino? esta feria no es tu reinado; los mercaderes se han apoderado del templo: ¡vibre tu látigo sublime!

¡oh Mito!

————

Tiene el recuerdo, cristalizaciones póstumas, estratificaciones inmensas, en las cuales vaga el alma extraviada, como una ave en una gruta de estalactitas;

así debió vagar un momento el alma enloquecida de Luisa, por el lejano país de los recuerdos, porque la mueca de una sonrisa, intentó cruzar su rostro de cadáver;

¿sonreía ante sus ensueños castos, sus pálidos idilios, sus páginas blancas?

como nubes siniestras de vampiros, nubes de remembranzas tristes, debieron obscurecer su horizonte azul, porque en la suprema desesperación lanzó un gemido, sacudió fuertemente la reja, y llamó a su madre, como un niño miedoso que despierta en medio de la sombra;

después, sus piernas vacilaron, y se desplomó contra el muro al pie de la gran reja;

la lluvia caía a torrentes sobre su cabeza desnuda, y un arroyo de fango corría debajo de ella; tiritaba mucho, se agitaba convulsa, como una ave en la agonía;

por algún tiempo se le oyó moverse, murmurar frases incoherentes, llamar a su madre; después calló como si durmiese, y el silencio, y la sombra, la envolvieron.

————

Un fulgor blanco despuntó en el cielo, cual si el ala de un pájaro de nácar hubiese roto la cortina umbría;

inciertas palideces al Oriente, hicieron blanquear copos de nubes, como una inmensa floración de lises, como plumas caídas de las alas de una paloma mística en la sombra;

la tenue claridad de ópalo y zafiro, hizo como un pórtico gigante, y en él las indecisas lontananzas de una blancura láctea, se extendían, como las costas de un país de nieve, bajo la magia evocatriz de un sueño;

y, aquella irídea claridad naciente, temblorosa como un pálido ostensorio, anunció al llano al despuntar del día;

despertó la llanura somnolienta, bajo su manto verde de esmeralda, y en infinita variedad los lirios levantaron su lánguida corola;

soñadoras las rosas se entreabrieron, en tanto que las blancas margaritas y los geranios húmedos, temblaban acariciados por la luz del alba;

en los nidos de pájaros despiertos, estalló la canción de los amores, y el prado florecido murmuró un extraño rumor de Epitalamio;

los nidales y el césped, prorrumpieron en églogas de cantos y perfumes, y, la luz asomó sobre los cielos en un himno vibrante de colores, y en uno como policromo Epinicio;

y, allí contra el muro, cerca a la reja, Luisa estaba muerta...

allí estaba, como una mirla blanca caída del nidal; como una rosa mustia que el viento arrebató de la rama florecida;

flores de un durazno vecino, pálidas y ajadas; hojas de un mirto cercano, verdes y humedecidas, arrancadas por la tormenta, habían caído sobre la virgen muerta, formándole un extraño sudario verde y blanco, símbolo de su amor y de su pureza; y, una alondra en las ramas de un ciprés, entonaba un canto magnífico y vibrante: el himno suave del *Amor Eterno*;

y, la tierra toda, preludiaba el Psalmo voluptuoso de la vida;

empapada por la lluvia, rígida, la cabeza descubierta, los grandes ojos azules abiertos, las manos sobre el seno pudoroso, allí estaba ella...

así, como defendiendo del contacto aquel seno, que no desfloró siquiera el aliento abrasador de una caricia; nido purísimo, donde las dos palomas de Venus Cyterea, morían de frío sin el calor de un beso; ¡mármol sagrado! ¡mármol de un altar hecho para el culto de Heros, y donde, sin mirra y sin perfumes, sólo ofició el Dolor, en el lúgubre culto de la Muerte:

¡Salve, Virgen!

———

Lirio inmaculado: ¡Salve!

rosa de Gericó, que pisotearon las pecadoras de Magdalo: ¡Salve!

los fariseos quisieron comprarte, y resististe; los levitas quisieron violarte y los venciste;

el Dios del Tabernáculo, te vio victoriosa del Mal, y ordenó la victoria del Monstruo;

¡oh! tú, la pura, la perseguida, la lapidada;

por tu corona de guijarros, por las lágrimas de tus ojos, por la sangre de tu frente: ¡Salve!

ya terminó tu vida, dolorosa y heroica, como el final de un Poema Sánscrito;

ya estás vencida: *¡Victis Honos!*

los escribas te condenaron, los pontífices te maldijeron, los levitas te calumniaron, los brutos te apedrearon...

bajo los guijarros de la chusma; bajo la saliva del sacerdote; condenada en el Pretorio, arrastrada hacia el Gólgota, en tu angustioso martirio, en tu ascensión a la gran cima sombría: ¡Salve, Virgen Mártir! ¡Salve!

¡calumniada, lapidada, crucificada, fuiste augusta!

sólo el dolor de amor pudo vencerte: ¡oh Virgen Dolorosa!

¡para ti se han hecho todas las letanías: la del Amor, las de la Piedad, las del Dolor!

¡sólo las de la Alegría, no rumorearán en tu sepulcro! ¡tú no la conociste! ¡oh Virgen infortunada! no se dirá ¡Aleluya!

los cantos de Afrodita, no perturbarán tu sueño; el lotus indus, símbolo del Placer, no crecerá en tu sepulcro; Isis, no hará brotar en él, las rosas rojas que crecen en la tumba de sus sacerdotisas, ni las lianas simbólicas con que adorna sus formas opulentas y prende a sus pechos de ébano;

ignoraste el placer y fuiste pura como un copo de nieve no tocado: Virgen inmaculada: ¡Salve!

las letanías de la Pureza, se hicieron para ti: las del Cántico, las del Perfume y las del Ritmo;

las de los lises enfermos, las de las rosas pálidas, las de los azahares en botón... las del coro de las vírgenes, las del himno de los niños, las de las alas de los cisnes, las de los ecos de la tarde, te dicen: ¡Salve!

todo lo blanco te murmura y canta;

y, se alza un himno blanco para ti;

te cantan deshojadas, las rosas blancas; te cantan fugitivas, las nubes blancas; te cantan desgarradas, las alas blancas; te canta el cielo blanco, la blanca sinfonía de sus colores;

y, te canta lo blanco, porque eres blanca; blanca era tu alma, como la nieve del Jungfrau; como vellón de lana, de aquel Cordero que adoran los cristianos en sus altares.

¡Salve, alma blanca!

¡oh Virgen de Israel, en Babilonia!

¡oh hija de Raquel, en Sidon: tu Pureza fue tu crimen.

Tyro te insultó; y la gran prostituta a quien apostrofó Isaías, extendió hacia ti su dedo lacerado, y te mostró a sus Sicarios;

¡y el Vicio te apedreó!

casta en medio al adulterio; altiva en medio a la bajeza; sabia en medio a la ignorancia; sucumbiste sin quejarte: ¡oh Virgen trágica! ¿quién te vengará?

tenías de Minerva, y el Juicio de Pâris, te fue adverso; el mundo te deseaba hecha Venus; no perdonó tu casco, ni tu cimera; tu escudo invulnerable, la seriedad casta de tu virginidad indómita; no pudiendo arrastrarte en el lecho, te arrastró en el lodo; no mancilló tu cuerpo con sus besos; tu nombre mancilló con su saliva;

tenías de Hypatia, y el Apóstol sanguinario cebó en ti los instintos de su plebe; te mató, pero caíste sobre el ara del Santuario, cerca al fuego inextinto, sin descomponer el más leve pliegue de tu túnica; y de tus labios de Vestal, se escapó la vida como un himno;

tuviste la castidad fuerte de Diana, las ternuras inquietantes de Atys, la mirada profunda de la Virgen de Serapis;

¡oh Atenea, si hubo en ti un espíritu inmortal vuelve a tu Acrópolis!

¡oh Virgen, si el alma en que soñabas no está extinta, vuelve al Serapeum; sube sus cien gradas, y siéntate meditativa y triste al pie del Sepulcro de Hélos, con la nostalgia sagrada de las faldas del Teygeto!

¡aquella era tu patria! ¡oh Virgen extraviada entre la multitud!

fuiste superior a tu medio y a tu época; pereciste bajo el tumulto de los más; bajo la onda estúpida; bajo el tacón del bruto; y fatigados de buscar el Bien, cansados de llorar el Mal, se cerraron tus ojos de miosotis;

fuiste casi un Símbolo: la mujer del Porvenir; ¡oh Virgen trágica! ¡Salve!

no te venció el amor, no te envileció el placer, no te deformó la maternidad;

el polvo de las alas de Psiquis te cegó, y florecieron las rosas blancas bajo tu planta sangrienta, y en tu corona de muerta;

y, apta caíste para el beso, para el himno y para el cincel;

el mundo te mató, no te manchó:

¡Salve, Virgen!

*
* *

La mañana se hizo blanca, de una blancura de nieve, y un pálido color de rosas muertas, llenó el espacio silente;

las últimas estrellas centellearon como cirios fúnebres, en el fondo opalino de los cielos; y, en aquel paisaje lácteo, de blancura inmaculada, hecho como para las exequias de una virgen, el sol, como un inmenso pájaro rojo, con las alas abiertas, subió al espacio, empurpurando el horizonte;

y, sobre la frente de la virgen muerta, extendía su sombra silenciosa, la gran cruz de hierro que domina la Necrópolis;

y, allí estaba vencida, al pie del patíbulo en que, al decir de los hombres, había muerto un Dios; el fundador de una religión de Amor, de Caridad y de Justicia:

¡Oh Dios! ¡Oh Amor! ¡Oh Caridad! ¡Oh Justicia!...

FIN